有一種傷害叫成長

穿越創傷與黑暗，打造復原力的療癒練習

HOW WE GROW THROUGH WHAT WE GO THROUGH

SELF-COMPASSION PRACTICES FOR POST-TRAUMATIC GROWTH

克里斯多夫·威拉德 博士 著 郭庭瑄 譯
Christopher Willard, PsyD

目錄

推薦序　創傷之後，能療癒心靈傷口的敷料會是什麼？　蘇益賢　7

序　言　11

第1章　傷痛過後，你仍能重新拼回自己

01　我們天生就有復原力　20

02　本能的「四F求生策略」　24

練習1　四F反思練習　36

03　擁抱內在的馴獸師：讓「關懷與善待」成為你的超能力　38

練習2　利用「關懷與善待」，改變身體感受　41

第2章 打造有韌性的身體

01 掌控身體反應，就能掌控壓力開關 48
02 呼吸是神經系統的遙控器 53
練習3 海浪呼吸法 62
03 提升自信，從改變姿勢開始 65
練習4 支持性碰觸 73
04 步行：讓自己動起來的正念法 77
05 吃出復原力 92
06 睡眠是加速康復的良藥 104
練習5 CALM平靜練習——身體掃描法 109

第3章 打造有韌性的大腦

01 重新設定大腦的隱形警鈴 116

練習6 讓大腦靜下來 120

02 用言語安撫內心，即是正念 121

練習7 正念四R心法 122

03 用身體駕馭大腦 128

練習8 聲音接地 132

04 活在當下，尋得安全感 133

練習9 SEAT正念靜坐練習 135

練習10 不要相信你所認為的一切 139

05 感恩，是從創傷裂縫透進的光 141

練習11 感受美好 143

練習12 感謝自己的優點 152

06 照顧自己的身心 153

練習13 HALT停看聽 155

第4章 打造有韌性的心靈

01 從孤獨到共鳴：如何透過與人連結修復身心 160

練習14 四朵玫瑰、一根刺和一個花蕾 165

02 來自他人的療癒力 166

03 你的韌性，就是最好的抵抗力 171

04 想要改變，先學會別苛責自己 175

練習15 ACE自我疼惜法 176

05 設立剛剛好的界限 185

練習16 設立時間界限，找回時間感 189

06 找到懂你的人 191

07 同理心對話：先思考，再開口 196

練習17 三思而後言的THINK練習 197

08 慈悲的感染力 202

09 讓善良基因代代相傳 206
練習18 行車禮讓練習 211
10 建立信任感與安全感 213
結語 216
謝辭 220
作者、譯者簡介 220

推薦序

創傷之後，能療癒心靈傷口的敷料會是什麼？

臨床心理師、初色心理治療所副所長　**蘇益賢**

雖然我們都不希望，但創傷與逆境確實是人生中無法避免的一部分。這些負面遭遇不僅改變了我們的日常生活，更撼動了人們的心理狀態：我們對世界的信念受到衝擊、對自身的認同與看法也不再如以往那般穩固。

創傷引發的內在轉變，多半源自於人類身體內建的壓力反應與神經系統運作。起初，這些機制是為了保護我們，但最終卻成為了一種難以擺脫的負擔，也就是越來越多人熟悉的「創傷後壓力症候群」。

創傷之後，有些人因此一蹶不振、有些人慢慢恢復到創傷前的狀態。但還有一群人，他們不但恢復了，而且還恢復到比創傷之前更好的狀態。他們「帶著傷成長」，就好像傷口被塗上了神奇敷料一樣，讓他們展現出足夠的力量，去面對創傷與未來的生活。這個敷料是什麼？正是本書想討論的議題。

本書結合創傷相關的生、心理基礎，透過許多概念與練習的介紹，帶領讀者調整因創傷而混亂失調的身心反應；特別是對大腦的壓力反應進行重建，這部分更是一個人能否從創傷中復原的關鍵。之於我，本書有三大亮點：

一、涵蓋身體、大腦與心靈，提供完整療癒路徑：本書解析創傷療癒的多種途徑，結合生理層面的重設、心理層面的調適、心靈層面的成長，架構完整。

二、將自我疼惜納入療癒方法：逆境之後，我們常對自己說「要快點振作起來」。儘管這是人之常情，但事實上，身心其實有著自己療癒的節奏，復原過程是急不得的。在這種很想急，卻又不能急的時刻，自我疼惜能幫助我們用一種溫柔的視角看待自己的傷痛，允許身心按照它的節奏復原。在進進退退之間，自我疼惜告訴我們「這樣是沒問題的」。而這種允許，反倒加速了復原的速度。

三、提供實用的練習技巧：書中列舉了多種具體練習與技術，讀者可根據自身需求調整與應用，讓療癒成為每天生活的日常。

創傷後的心，或許難以透過用力、苛責或強迫來修復。相反地，在愛、涵容與接納之下，曾經枯萎的內在力量，反而更可能再次湧現。願本書提供的「敷料」，能讓每一位曾因創傷而受傷的靈魂，都能被好好療癒，蛻變為更好的自己。

序言

這本書萌芽於新冠肺炎疫情爆發的第一年。當時氣候變遷加劇，炎酷的熱浪席捲城市，熾烈的野火吞噬森林，一場關鍵且具歷史性的總統大選即將到來。這種不論是個人生活或全球局勢的變動，個體和集體的神經系統皆會受到干擾，甚至重塑，而這些過程往往會帶來深刻的創傷。

不過，二〇二〇年並非全然停滯，我生活中依舊發生了許多事。幾位親朋好友失去了工作；我兒子的死黨舉家搬遷，移居到國境彼端；我母親被診斷出罹患路易氏體失智症，這種罕見的退化性失智症會導致身體癱瘓和記憶喪失，病情惡化的速度快到令人心碎。新冠疫苗問世後幾週，她便離開了這個世界。

生與死，以及隨之而來的萬般悲歡離合仍持續流轉，而我們還得面對全球疫情。

從封城開始的深刻反思

二〇二〇年三月十三日星期五那天，我和家人居住的所在一切停擺。我從芝加哥搭機回家時，看見機上所有的乘客都戴著口罩和手套；孩子就讀的學校突然宣布停課兩週，（還記得疫情之初只封城兩週的時候嗎？）整個地球彷彿急踩煞車，驟然靜止。

我和太太坐在後廊，望著小小的庭院，孩子們正不斷用力踩踏覆蓋著殘雪的地面。我們終於有時間，可以閒下來喝咖啡聊天，讓孩子們自顧自地玩個盡興。

「孩子們永遠不會忘記這段日子的。」我故作深沉道。

太太瞥了我一眼，同時留意孩子的動靜。「沒有人會忘記的。」她說。身為醫學史學家，她的工作就是研究瘟疫與大流行病如何改變歷史軌跡。「接下來一千年，歷史學家都會談起二〇二〇年的新冠肺炎大流行（之後是二〇二一年的Delta變異株和二〇二二年的Omicron變異株）。」

我坐著思考這件事。孩子們開始用沾染泥濘的雪，假裝開了間冰淇淋店。「我希望他們對這段日子抱著什麼樣的記憶？」我忖度。「我希望他們對這段日子的我有什麼樣的印象？日後回想起這段時光，我又希望自己有何感受？」整個下午我不停思考這些問題。

後來，當我跟著大家一起瘋搶物資，慌忙買了將近四公斤的乾鷹嘴豆時，我反思：我想成為哪一種人？是掃光最後一捲衛生紙，還是把多的幾捲送給年邁的鄰居？跟左鄰右舍分享鷹嘴豆泥應該也可以，因為我真的買太多豆子了。

接著，第一波疫情衝上高峰，我母親也頻繁進出醫院，我在心裡自問：「當媽媽生病時，我想成為什麼樣的兒子？」儘管許多人在社群媒體上曬出自己的封城日常，例如在家用跑步機練馬拉松、學五種新語言等等，但我和朋友、案主的談話焦點卻逐漸改變，從「我們這段期間要做什麼」變成「我們今後想成為什麼樣的人」。

「我想成為什麼樣的人？」在新冠肆虐的那幾年，我一直在煩惱這個問題。當時全球有數十億人停下手邊的事「就地避難」，並第一次意識到那些「必要工作者」[1]是如何冒著染疫的風險辛苦堅守崗位，讓國家得以正常運作。有些人的生活幾乎一切

1 essential workers，指醫護人員、長照員、警消、公務員、清潔隊、公共運輸駕駛、物流業者、農場勞工等提供民眾重要服務，維繫社會運作的人。

如舊，但大多數人都經歷了翻天覆地的變化；有的與家人、朋友遭遇命危或死亡導致的傷痛，有的只能透過平板電腦與至親心碎道別。數百萬人失去了工作、家園、事業與受教育的機會；濫用物資的問題日益嚴重，虐待與家暴事件也隨之激增。

與此同時，社會也將注意力轉向另一種大流行病——種族歧視、不公不義，以及對非裔美國人延續了數個世代的暴力，新一波民權運動與抗議浪潮席捲而來，從明尼蘇達州的明尼亞波利斯蔓延到全美，乃至全世界。

我不斷思考自省：從過去到現在，我是什麼樣的盟友？未來又想成為什麼樣的盟友？種種疑問引導我做出寫書的決定。

真正的治癒源於自己

這本書是我對那些問題的回答，更確切地說，是對於那些問題的「回應」。

身為獨立的個體、群體的一員以及人類的一分子，我們可以任由創傷牽引我們步向更多病痛、悲憂、恐懼和分裂，但也可以利用創傷來澆灌成長與茁壯的種子。

媒體及報章雜誌經常談到創傷後壓力症候群（post-traumatic stress disorder，PTSD），然而事實上，人生挑戰和困境帶來的更有可能是創傷後成長（post-traumatic growth，PTG）。

研究過程中，我發現創傷後成長不僅奠基於神經科學和心理學，也與人類學及人類史有關。我們的確能夠改變和成長。我們可以運用內在工具來強化挫折復原力（即心理韌性），以及自我賦能。我們也可以訓練大腦和心靈，透過奇妙的神經可塑性，於腦內創造並形成新的神經連結。

我們還可以改變自己與自我和他人之間的關係，用有助於療癒及成長的聯繫來取代那些無益的連結，並借助數千年來使人類得以走過逆境、提升復原力的工具來達成這個目標。

接下來，我們會探討三種造成身體、心靈與人際關係失調的事件。

一、**身體創傷**：指的是意外事故、疾病，或是暴力、虐待、疏忽、威脅等因素所致的傷害；

二、**心理與情緒創傷**：包括難以理解、讓人覺得生活在這世上不安全的事件；

三、**創傷相關事件**：包含霸凌、背叛、忽視、情緒虐待、種族歧視，及其他巨大或細微、外顯或內隱等不同形式、基於身分的偏見。

當然，上述創傷事件會以複雜的方式互相堆疊交織。也許這三種你都經歷過，並受到所產生的複合效應衝擊。例如，我們生病時，別人可能會離棄我們；肢體暴力或性侵害也是一種關係上的背叛；邊緣化群體遭受創傷的風險遠高於其他人，若人們忽略、輕視、否認或將受創原因歸咎於被害者，即便社會不縱容、不鼓勵那些創傷事件，也會提高他們二度傷害的機率。所有形式的創傷都是這樣互相交錯，彼此影響。

我們的醫療模式顯示，人們需要修復創傷；我們的文化指出，我們需要從創傷中成長；但其實我們真正需要的，是在苦痛中陪伴自己，與自己同在。這個行為本身與沉溺於痛苦或憐憫截然不同，而其中的差別正是本書的核心概念，也是自我疼惜（或稱自我關懷）的關鍵。自我疼惜能幫助我們接受事實，明白成長與療癒的步調並非一致，而是沿著不同的時間軸往前推進。

本書彙集我所能提供最好、也是最簡單的技巧，有助於身體、大腦和心靈邁向創傷後成長。這些招數雖然不是什麼萬靈丹，一練就能化解所有壓力和衝突，但多少有些效果，能讓你的復原力有如免疫力般，隨著時間逐漸增強。

要知道，個人的喜好、觸發點及神經系統可能會有所改變，未必日日相同，因此，你可以不時翻閱這本書，隨興練習，再回頭深入探索那些能讓你產生共鳴的方法。

在練習過程中，請依照自身狀態彈性調整，將書中的建議內化成自己的智慧。事實上，內化的程度越深、分享的次數越多，就越有機會幫助其他人。也就是說，練習使用內在工具的頻率越高，我們就越能彼此互助，成為自己期待的、想成為的樣子。

神經可塑性

這是指大腦因應個人用腦方式與生活經驗來進行物理「重組」、改變自身結構的能力。用加拿大神經心理學家唐納・赫布（Donald Hebb）的話來說，就是「同步發射的神經元會連結在一起」。

許多研究都證明，我們可以藉由冥想及其他練習來改變大腦，就像規律的運動能鍛鍊肌肉一樣。

第一章

傷痛過後，你仍能重新拼回自己

01 我們天生就有復原力

創傷會改變一切，從我們的身體和大腦，到我們與他人和世界的關係，無一例外。遭受嚴重的心理、情緒或身體傷害時，我們會用洞察力、成長與學習的機會來換取自身安全——至少暫時會這樣。

百分之六十的人會經歷「創傷後成長」

幾乎所有人與天地間的萬物生靈都會在某個時刻經歷某種創傷，而其反應與療癒的方式也各不相同。

研究報告指出，男性遭遇創傷的機率高於女性，但女性比男性更容易因創傷而產生併發症，罹患創傷後壓力症候群。弱勢族群（指在不平等社會中的邊緣人或被排擠者）更有可能受到創傷及其複合效應衝擊，獲得療癒資源的管道也比較少。此外，對某些人來說，身體對創傷的反應會逐漸消失；對另一些人來說，這類反應則會刻進骨子裡，久久無法平復。但無論經歷過什麼，我們都有能力成長和改變。

令人訝異的是，研究發現，雖然有百分之七十五的人會遭遇創傷，但只有百分之八到百分之十二的人會罹患創傷後壓力症候群，百分之六十的人則會經歷創傷後成長。這是相當不錯的比例。更棒的是，創傷後壓力症候群與創傷後成長可以同時發生，兩者並不互斥。神經科學的觀點就跟大多數靈性與哲學傳統所主張的一樣：成長與痛苦是並存的。

有一點必須先說清楚，創傷及之後的復原過程充滿磨難和煎熬，不僅步調極為緩慢、難以預測，而且絕非線性發展，沒有任何事物能持續、完全緩解以及撫慰我們的傷痛。朋友提供的小撇步、心理師的建議或迷因梗圖，可能永遠都無法「修復」我們，讓我們回復到之前的狀態。或許我們無法完全理解彼此的痛苦，但我們可以認同並見證這些傷痛。

也就是說，我們無須修復創傷，或希望創傷被修復，更不是試圖修復自己，而是看見、並與我們的痛苦同在。當我們擁有適當的工具來管理與調節創傷的反應時，更能輕鬆接納自己，在他人需要時給予支持，也能做到全然地陪伴與關注。

你可能會自問，你的痛苦是否嚴重到足以稱為創傷？「創傷是對異常事件的正常反應」，這個說法雖是陳腔濫調，卻再正確不過。由於「正常」與「異常」都是主觀概念，因此，創傷對各人的影響不盡相同。

創傷隱藏在神經系統裡

我們內建的壓力和創傷反應系統，會在經歷痛苦時與事過之後保護我們，以免我們將來再度受創。而期間接收到的感官訊息，也會儲存在大腦裡，每當遇上那些依舊被神經系統視為「危險」的地方或人事物，就會觸發創傷記憶與感受。一旦這種反應隨著時間逐漸失靈，變成無意識的自動化行為，就會被貼上「失調」的標籤。但事實上，我們的神經系統只是嘗試在混亂中創造秩序罷了。

與其爭論何謂創傷，不如將這本書當成一種工具或方法，能用來關注、善待、重置與重新調節你失調的神經系統。

我們在面對威脅時會啟動防禦機制，這是很正常的反應，也是演化而來的結果，這些反應幫助了我們的祖先，也是我們得以生存的關鍵。然而，威脅越嚴重，或持續的時間越長，大腦受這些機制影響和重塑的程度就越高。無論威脅實際存在與否，只要感知到威脅，我們就會出現這類反應。

我再強調一次：無論威脅實際存在與否，只要感知到威脅，我們就會出現這些反應。

02 本能的「四F求生策略」

接下來，我們來探討面對壓力和創傷時的典型反應。這些反應都是人類祖先留下的遺緒。

遠古的生活環境乍看單純，但其實比現代世界危險多了。在人類尚處於逐漸進化的動物狀態時，對我們的祖先而言，什麼會是創傷？想像有隻獅子正在追你，為了生存，你能怎麼做？

我曾在德州問過觀眾這個問題，那時台下恰巧有位訓練獅子的馴獸師。說真的，她的自我調節能力都強到可以讓她進籠和猛獅待在一起了，我不懂她幹嘛還來上我的正念課！如果你也是馴獸師，或許可以跳過這一篇文章繼續往下讀。

過度警醒VS.低度警醒

面對獅子的攻擊，我們可以用四種方式來回應，每一種都會讓神經系統趨於活躍，採取過度警醒（hyperarousal）或低度警醒（hypoarousal）的求生策略。

• 過度警醒

一、戰鬥（Fight）：抵抗，與攻擊者正面對決。

遇到野生動物窮追不捨，這種反應的確有嚇阻的效果。但若所謂的「威脅」是塞車、討厭的同事，或某個讓你想起心中「內在獅子」的事物，這種反應就沒那麼管用了。

一旦進入戰鬥狀態，我們會變得暴躁易怒，甚或發動肢體或言語攻擊。有時，如果對抗的是自己（自責），這種反應可能會轉化成自我攻擊，進而出現自傷或其他危險行為。

二、逃跑（Flee）：躲避或逃離攻擊。

如果那隻獅子動作很慢，或是你跑得很快，那這種反應就很棒。不過，要是每次遇到令人不舒服或不安的情況，我們都選擇逃避，那就不太妙了。逃避可能會隨著時間演變成持續焦慮、恐慌、特定場所畏懼症（agoraphobia）等，抑或表現為追求強烈刺激、癮症和強迫行為。

• 低度警醒

三、僵住不動（Freeze）：隱藏或偽裝自己，盡量不引起對方注意，例如裝死或放棄抵抗，默默等待攻擊結束。

低度警醒狀態可能會隨時間逐漸發展成蓄意逃避或無意識的解離。對許多弱勢族群來說，引人注目可能讓人覺得、或的確會格外危險，而僵住不動的反應，確實有助於保護身體、情緒，甚至是財物安全。

四、管他去死（Fuck it）：好吧，我承認，其實目前臨床上還沒有人提出這樣的說法！

這種反應亦可稱為「昏厥或放棄」（faint or flop）。放棄是以另一種方式來自我保護不致持續受創傷所苦。這種「習得無助」（learned helplessness），是自覺無法掌控或凌駕命運的無力感，長期下來可能會使大腦陷入憂鬱，讓我們慢慢放棄自己、放棄世界，或是採取逃避策略，例如濫用物質成癮，藉此淡化創傷經驗等等。

為了生存，我們需要適度的壓力

只消一樁夠嚴重的創傷事件或長久持續存在的創傷，就能重塑大腦神經迴路，讓我們一直處於這些壓力反應狀態，這就是神經可塑性的黑暗面。

獅子的攻擊是種隱喻，是指生活中發生的事件（但如果你是馴獸師就另當別論）。也許你用了上述其中一個或多個「F」來應對獅子，甚至在獅子離開多年後，你依舊用這套模式來回應人生。

聽起來可能有點奇怪，但面對日常壓力和挑戰時，我們的整體警醒度大概是介於百分之六十到百分之八十之間。如果高於上限，我們就會進入過度警醒狀態，反之則是低度警醒狀態。適當且處於「身心容納之窗」（window of tolerance）[1]內的壓力，能幫助我們在逆境中成長，這一區就是「魔法」發生之處。

該區域不一定處於你的舒適圈之外，但要想真正成長，我們就必須待在「安全區」。創傷復原的關鍵在於：進入「紅色區」或危險區時，你要有所察覺，並學習如何回到安全／成長區。

至於魔法背後的科學，可以參考「多重迷走神經理論」（polyvagal theory）。心理學家史蒂芬・波吉斯（Stephen Porges）博士與他的同事、執業臨床社工師黛比・達納（Deb Dana）及其他研究人員率先探索這個領域，讓我們對以迷走神經（vagus nerve）功能為基礎的情緒、社會和生理調節有了新的認識。

這種神經（實際上是位於身體兩側的兩條神經）有如連接大腦和身體的訊息高速公路；根據波吉斯的說法，它是神經系統的第三層次，亦即社會參與系統（social engagement system）背後的生理機轉。目前多重迷走神經理論已成為理解與治療創傷的核心，相信未來還會有更多的新發現。

從「戰或逃」看迷走神經機制

不少研究人員認為，「建立連結」是嬰兒出生後用來調適壓力的第一個方式，多重迷走神經理論權威史蒂芬・波吉斯也持同樣的見解。

你可以從兒童身上觀察到這個現象：他們會先試著對他人表達自己想要什麼或不喜歡什麼，然後做出「戰或逃」反應，並往往以僵直／呆住和放棄收場，就像YouTube上點閱率超高的影片「面無表情實驗」（still face experiment）所呈現出來的那樣。

遇到威脅時，身體會先隨著腹側迷走神經（能讓人感到平靜放鬆的社交系統）運作，呼吸和心率緩慢而規律，接著由交感神經系統主導，啟動戰或逃反應。一旦選擇放棄並退縮，就會觸發背側迷走神經，進入僵住或放棄的狀態。

1 美國腦神經權威、精神科醫師丹尼爾・席格（Daniel Siegel）博士所提出的概念，指一個人面對壓力時，身心可承受的範圍。

重點在於，我們最早、可能也是最有效的自我調節良藥來自於他人。更確切地說，是來自那些身心穩定健康的他人，例如伴侶、家人、朋友、同事、互助團體以及——是的，沒錯，還有心理諮商師。

事實上，我們需要壓力和恐懼的反應，因為適量的恐懼可以保護我們的安全，壓力則能激勵我們往前邁進。若你處於一段虐待關係，為了安全起見，在能逃離對方前先維持低度警醒可能會比較保險；如果你所屬的部隊被徵召上戰場，過度警醒可能正是你所需的狀態。這些反應都很合理，可以保護你的人身安全。

多重迷走神經對照表

	僵住不動或放棄	戰或逃
警醒度	低於百分之三十：低度警醒區； 背側迷走神經／副交感神經系統活躍； 位於身心容納之窗外	高於百分之八十：過度警醒區； 交感神經系統活躍； 位於身心容納之窗外
身體	防禦、瑟縮的姿勢； 呼吸慢而淺； 血壓和心率降低； 免疫力下降； 新陳代謝速度緩慢、渴望高能量食物； 皮質醇濃度變化導致身體疲憊與活動力下降	具有威脅性的姿勢； 呼吸短淺不規則； 血壓和心率升高； 免疫系統罷工； 消化系統停滯； 腎上腺素、睪固酮和皮質醇濃度變化，導致攻擊性與行動力增強
情緒	不知所措、放棄、羞愧、缺乏自信、缺乏動力、解離、絕望	焦慮、恐慌、憂懼、沮喪、憤怒、煩躁、覺得被挑戰

知覺	觀察情況、尋找信號，以進一步躲藏／逃避	對色彩和聲音的感知範圍擴大；對中性的社交線索[2]也會充滿敵意
大腦狀態與認知	神經活動減少、認知功能下降；心智活動變慢；缺乏動力	杏仁核活躍；大腦皮質暫停運作；覺得每個人都在針對自己；凡事往壞處想；消極偏見[3]；悲觀；非黑即白、僵化思維；衝動
社會行為	眼神接觸和肢體語言減少；說話小聲溫和；迴避而非接近；孤立；不信任；退縮	眼神接觸和肢體語言變得有威脅性；說話大聲激動；關係與同理能力停止運作；怪罪他人；甩鍋卸責

	痛而不傷	關注與善待
警醒度	百分之六十到八十：成長區；神經系統活躍；位於身心容納之窗內	百分之五十：舒適區；腹側迷走神經狀態；位於身心容納之窗內
身體	抬頭挺胸、充滿自信的姿勢；呼吸緩慢深沉，每分鐘五到六次；心率穩定；免疫系統和消化系統正常運作；催產素與睪固酮濃度增加，自信也跟著提升	放鬆的姿勢；呼吸和緩有規律；心跳慢；血液循環順暢；免疫系統和消化系統運作良好；催產素濃度上升，抑制皮質醇分泌，為依戀和安全感創造空間
情緒	不致壓垮一切的不適感、歸屬感、興奮感、安全感、心流狀態、充滿動力、感恩、慈悲心、自我疼惜、勇於接受挑戰	滿足、踏實、安全、溫暖、舒適、安心、連結感、掌控感、不覺得被挑戰

2 social cues，他人的言行、身體語言等。

3 negativity bias，對於負面的訊息較敏感，對正面的訊息則容易習以為常。

知覺	清晰準確；全方位的感官知覺；探求與尋得意義；正念	大致準確；尋找能強化安全感的徵象
大腦狀態與認知	大腦皮質活躍；調節狀況良好；認知功能表現臻至巔峰；擁有細膩、具批判性的思維；做事計畫；能控制衝動；能設定目標；積極學習；挑戰極限；好奇心旺盛	大腦思緒清明卻不過度活躍；思路清晰；思維能受控；言行不會被質疑；低風險，低報酬
社會行為	雙眼接收大量中等刺激；動作範圍廣；說話聲音平穩；對他人有同理心，能與他人產生連結	眼球運動次數稍減、感官知能變弱，不會偵測環境是否有危險；動作範圍廣；說話聲音較低沉緩慢；社會腦活躍

解密生存密碼

有位名叫亞瑟・克林（Arthur Kling）的研究人員，曾摘除一群猴子的杏仁核（大腦的警報系統），再將猴群放回野外（看來這是個缺乏慈悲心的研究計畫），結果這些猴子幾週內全數死亡，因為牠們無法辨識和應對周遭的危險。

從根本上來說，「戰、逃、僵、棄」這四個F是很有用的策略——至少直到它們失效之前是如此。就像士兵從戰場上返家後多年，仍會習慣性地警戒掃視高速公路，確認是否有土製炸彈；抗癌成功的患者每當感覺到一點疼痛，就會擔心自己是不是又生病了；被伴侶背叛過的人在進入新戀情後，只要感受到親密，就會下意識地破壞關係。

我們可能會在經歷創傷後變得過度警覺，不斷掃描、偵測周遭是否有危險，因為我們相信這麼做可以保護自身安全。對某些人來說，縱使創傷事件發生在多年前，危險依舊能讓人有種熟悉的安全感；自我傷害和癮症可能會成為舒緩痛苦的方法；異常飲食行為可能會為生活帶來一種正常、有秩序的感覺；孤立可能會令人感到舒服自在，與人建立連結與被關懷則可能會讓人覺得有壓力、難以招架。

這四個Ｆ不只是心理反應，我們的身體也會停留在這樣的狀態。創傷反應在當下可以幫助我們生存，但也會影響我們的身心健康與人際關係。

如果這四種求生策略是祖先傳承給我們的無意識反應，刻在我們的ＤＮＡ裡，那我們要怎麼「重置」自己呢？幸好，方法可多了。我們的ＤＮＡ裡還內建了其他反應，可以經由練習來強化這些應對模式。越來越多研究指出，要透過思維來改變行為和感受並不容易，但我們的確能藉由行為來改變思維、感受與自身的存在狀態。

練習1

四F反思練習

- 回想一下，你曾在什麼情況下出現四F反應（戰、逃、僵、棄）？
- 你現在是否處於其中一種狀態？如果是，觸發點又是什麼？
- 想到日常壓力源（例如某同事、財務問題、家庭衝突）時，你會下意識出現其中一種反應嗎？

- 你的壓力反應對你的身心與人際關係造成了什麼影響？
- 你現在或過去特別容易表現出哪一種反應徵狀？

03 擁抱內在的馴獸師：讓「關懷與善待」成為你的超能力

現在，來看看那位來自德州的馴獸師。她已經學會在大多數人想啟動壓力反應的情況下，能夠駕馭或調節這類反應。她重新掌控了神經系統，讓自己在進入獅籠時得以保持冷靜、應對自如。她非但沒有躲避獅子，還能主動接近、關懷，甚至跟獅子做朋友。她找到了一條中間路線。

這條中間路線有很多名稱，從靈性乃至科學領域都可見其蹤影。在這種狀態下，人們可以好好休息與消化、進食與繁殖、尋得連結與方向，以穩定的節奏從事各式各樣的活動。

我們可稱這條中間路線為副交感神經系統、腹側迷走神經狀態、綠色區（green zone），或是丹尼爾・席格（Daniel Siegel）所謂的「身心容納之窗」，抑或是內在家庭系統理論提出的「內在自我」（in Self）。從精神與靈性層面來看，可能比較接近佛陀主張的「捨」[4]之中道，亦即選擇應對方式的能力、引出慈悲行為的正念覺察，或「正精進」（right effort，根據情況需要所付出不多不少、恰好的努力）。

至於我呢？我喜歡將這種反應稱作「關懷與善待」。

平和的感受，身體都知道

身為心理師，我好像有義務問個老套的問題：「你有什麼感覺？」事實上，我甚至還做了一個客製馬克杯，把這句話刻在上面。

回到正題，「關懷與善待」會讓你的身體、思緒、呼吸和心有何感覺呢？身體方

4 英文可譯為equanimity，指對各類眾生抱持一種放捨自在、平等而安穩的心態。

面，你可能會注意到自己的呼吸和心跳變得穩定、平和而規律。除此之外，隨著緊繃的肌肉逐漸放鬆，體溫也會恢復到正常值；消化系統再度運轉，免疫系統重新啟動；血液不僅會流向重要的器官，更能在體內順暢循環，流向四肢與末梢，解決手腳冰冷的困擾。糖、脂肪和鹽的吸引力下降；口腔再次分泌唾液，你對各種滋味的渴望也會隨之湧現。

與此同時，重拾洞察力與同理心會讓掌控社交系統回歸；先前阻塞大腦的壓力荷爾蒙會退散，讓攸關愛、信任與依戀的荷爾蒙——也就是催產素，能有流動的空間。

一旦你開始有意識或無意識地追求健康的人際關係，這種良性循環就會一直持續下去，健康的人際關係也會主動來找你，因為你是一個懂得「互相」，也是自我調節能力良好的人。你的支持網絡會不斷壯大，納入那些能與你共同調節（co-regulation，或稱協同調節）、鼓勵你繼續以健康的方式來照顧自己的人。

此外，對寵物與植物付出關心也能創造這樣的良性循環。你會發現自己開始有精神和體力去運動、注意飲食，吃得更營養，身體也能有足夠的安全感，能安心入睡，一覺到天亮。

練習2 利用「關懷與善待」，改變身體感受

- 你可以帶著自信挺直身體、雙掌朝上舉起，體驗一下「關懷」，再將雙手貼在胸前，感受「善待」。
- 這兩個動作重複做幾次，要維持多久都行。就這麼簡單，沒有其他需要特別說明的地方。

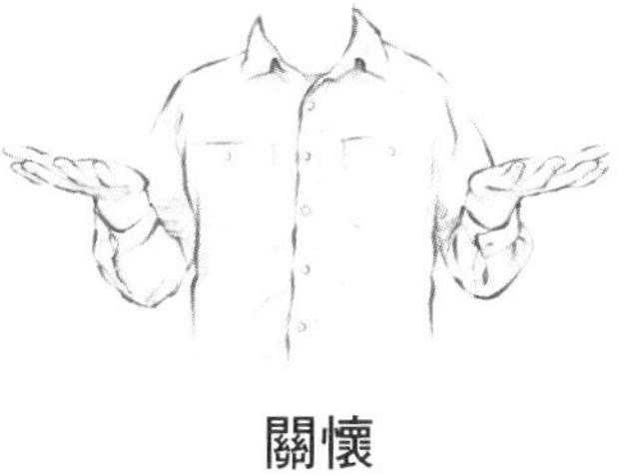

關懷

善待

此時，你的大腦和身體處於最佳狀態，有能力完成大多數任務，並建立新的支持網絡。你的身心容納之窗敞開，輕微的壓力兩三下就能化解，安全感又回來了，甚至連神經可塑性都可能因此增強，形成新的神經連結。大腦會釋放適量的血清素與「快樂化學物質」多巴胺，獎勵你的選擇。你的心態變得更開闊，願意敞開雙臂迎接人生中各種可能，這就是「關懷與善待」帶來的體驗。

從「賦能」到「復能」

就根本而言，上述練習及本書中其他方法的重點都與「賦能」（empowerment）有關，也就是讓我們有能力選擇「關懷與善待」而非「戰、逃、僵、棄」的「四F反應」，並克服創傷後壓力症候群特有的無助感。

從更深的層次來說，賦能可以讓我們擁有內在掌控感，保護我們不受壓力、憤怒、焦慮、羞恥和悲傷所苦，甚至能緩解身體疼痛。許多人在創傷導致的神經重塑過程中會有所混淆，無法分辨何為安全、何為危險，而真正的賦能可以幫助我們解決這個問題，讓我們在身心與人際關係中增強掌控力。一旦進入這樣的狀態，世界、朋友和陌生人在我們眼中便不再那麼有威脅性，我們也能變得更加誠實、真實，並勇於展現脆弱的一面。

「關懷與善待」如同「戰、逃、僵、棄」四個F，是人類的自然反應。只有當我們感到足夠的安全，能敞開心胸時，我們才能去學習、去思考、去愛。在充分練習後，我們就能像那名馴獸師一樣，在面對絕大多數的情況時，有意識地選擇自己的反應。

下一章會談到身體是如何儲存和包含療傷的種子；第三章則會探索培養大腦韌性的方法，並學習藉由正向心理學、正念及其他消除「消極偏見」的技巧，來保護大腦不受壓力傷害。

最後，在第四章，我們會轉向人際關係的韌性，幫助你克服恐懼和羞恥，在危機時刻勇於向外求援，建立更強而有力的支持網絡。另外，你也會學到如何在生活中——甚至在網路上——以更有效的方式設下健康的界限。我們可以從這裡開始在逆境中建立更強大的社群與社團，甚至為社會帶來深遠的影響和變革。

消極偏見

人類天生就傾向看到半空的杯子，而非半滿的。從進化論的角度來看，這種現象很合理：當聽到叢林間傳來怪聲，或是瞥見一閃而過的毛皮時，我們該怎麼想？最好假設那是一頭飢餓的獅子，而不是一隻毛茸茸的小虎斑貓。

因此，為了存活，我們往往設想最壞的情況，並將這類以生存為導向、有點悲觀的基因傳遞給後代。至於那些凡事往好處想的人，則成了獅子的點心，沒機會將樂觀的基因傳承下去。

正向心理學有句話說：「大腦對負面訊息就像魔鬼氈一貼即黏，對正面訊息卻像鐵氟龍一概不沾。」我們對正負訊息接受度的比例是四比一，也就是說：我們大約需要四次積極正面的經驗，才能抵銷一次消極負面經驗的影響。

一行禪師曾說：「認為人生應該能毫無苦痛，猶如認為我們可以只有左邊而沒有右邊般存在一樣荒謬。同樣地，認為人生根本不可能幸福快樂也是錯得離譜。」

充實豐盛的生命是兩者皆有，不是非此即彼。很多時候，我們以為事情非黑即白，但其實每件事都由多元因素構成，具有多重面向又錯綜複雜。

以下是網路上一些流行的觀點：你可以在心懷感恩的同時，也渴求更多。你可以堅忍強韌，但仍需要休息。你可以非常獨立，但仍需要和想要有人陪伴。你可以有十足的把握，但即便後來改變心意也無妨。你可以好好關愛照顧自己，而無須感到愧疚。你可以慷慨善良，但仍能拒絕他人並設下界限，因為有時說「不」就是一種慷慨的行為。你可能在過去已經盡力，但從那時開始也學到了新的做法。最後，也許別人身陷困難和痛苦，但你的煩惱也很重要。你希望勇敢無畏，卻仍害怕做某件事——然而你依然可以克服恐懼去完成它。

第二章

打造有韌性的身體

01 掌控身體反應，就能掌控壓力開關

二〇一三年，我在芬蘭赫爾辛基主持一場正念工作坊。午休時我隨意拿起手機查看，發現螢幕跳出一堆訊息，大家都在問我是否平安無事。我連忙點開新聞，只見血淋淋的照片上映著無數張驚恐的臉孔，背後襯著我從小看到大、只離住家幾個街區的年度盛事，還有我走了一輩子的波士頓街頭：剛剛在波士頓發生了馬拉松爆炸案。

恐懼如潮水般陣陣來襲，我的心緊揪在一起；我下意識用手捂住胸口，做出「善待」的動作。若事發當下我人在終點線，那麼戰鬥、逃跑、僵直不動或放棄絕對是最好的反應，而這四個「F」也的確救了許多我認識的人一命。

不過，當我遠在九千多公里外的國度，思考要如何才能幫上忙時，我決定先用這個簡單的手勢自我照顧，這樣我才有能力聯絡家鄉的親朋好友，給他們滿滿的愛和支

持。

那一天，我對自己證明了只要投入足夠的時間訓練，就能強化身體覺知與自我賦能，在面對挑戰時選擇適合自身的回應方式。

療癒，從身體開始

療癒，得從身體開始著手。若身體缺乏安全感，神經系統未被「善待」（如黛比・達納所言），那麼成長之路將困難重重。

你可能跟我好幾位案主一樣有這個疑問：我為什麼要去觀照那個滿是痛苦、悲傷、恐懼、憤怒和充滿背叛感的身體？這個問題很合理。畢竟專注於呼吸對某些人來說並不容易，甚至還會觸發負面情緒；全身保持靜止，也可能會讓許多經歷過創傷的人感到不安。

也許你害怕踏出第一步，但好消息是，你可以從無意識的身體中奪回掌控力，而這正是療癒的開始。

我們可以透過以身體為基礎的練習來調節神經系統，幫助自己邁向情緒成熟，尋得人生意義。一旦對身體有了掌控感，創傷對我們的影響就會大幅減弱。

正如某個用李小龍照片配上古希臘哲學家格言的迷因：「在壓力下，我們無法達到自己期望的高度，而會降至平常訓練的水準。」現在，就讓我們開始訓練吧。

善用身體遠離恐懼

第一章談到我們的身體在面對、甚或只是回想起創傷和壓力時，會出現看似無法控制的反應：呼吸與心率紊亂，食慾和消化等生理系統失調，渴望高鹽、高糖、高脂肪等這類讓我們能活下去的食物以提供能量。人在壓力大時可不會想吃羽衣甘藍（平常應該也沒人想吃吧）。

我們的免疫系統會時好時壞，這是因為身體為了維持短期生存，必須先將能量儲存起來。若肌肉長時間處於緊繃狀態，導致緊張和發炎成為慢性病。當我們採取僵硬的防禦姿勢時，這種情況會更加嚴重。熱冷交替的潮紅和冷汗襲來，免疫系統不堪負荷，讓我們更常生病，久久難以痊癒。

更糟的是，若醫療專業人員對我們的疑慮與擔憂無法做出明確診斷，我們可能會情緒大爆炸，以憤怒來回應，這與其他人忽視我們所受創傷的經歷如出一轍。對於邊緣化群體來說，這種情況尤為常見。唯有在自己的身體裡找到安全感，才有辦法在這個世界上感到安全。

人體是為了因應不時出現的短期壓力所設計的。壓力反應會在彈指間迅速啟動，卻得花上好幾個小時才能關閉；打開的次數越頻繁、持續的時間越久，關閉所需的時間就會越長，甚至永遠關不起來。這種持續處於「開啟」狀態的反應，會逐漸變成創傷後壓力症候群，擁有關閉該反應的能力則可以預防創傷後壓力症候群。

像「關懷與善待」這樣的體現練習（embodied practices）雖然無法防止你感覺到壓力，但它們能在不必要時更快關閉壓力反應，以防止體內系統失調，造成永久性的傷害。

事實上，最近一項創傷研究指出，我們要在感覺身體處於健康、穩定又值得信賴的情況下，才能療癒心靈。一旦在自身體內感到安全和強大時，就更容易將遭逢的境遇視為成長的契機，而非威脅。我們會覺得自己有能力「去掌控」，而不是「被掌控」，進而帶著豐沛的能量投入世界，探尋新的連結、洞見和機會，同時發掘創意力，以平靜的力量面對世間一切。

02

呼吸是神經系統的遙控器

也許當前的處境讓你很難在身體中感到安全；也許你患有慢性疾病或身心障礙，不管這是否與創傷有關；也許你病痛纏身、受過傷害或遭受威脅；也許你的居住與生活環境不安全，或讓你感覺不安全。即使在最好的情況下，照顧自己、聆聽身體需求的習慣也很難養成和維持，但你可以從最基本的呼吸練習著手，運用簡單的技巧幫助自己調節自我，克服難關。

這些方法是不是很靈驗，一試就見效？不，沒這回事。但是不是都能有點幫助？沒錯，而且成果會一點一滴累積起來。當我們學會在身體裡感到舒適、充滿力量，就能大幅強化心理韌性，準備好在心靈這個世界中自在地生活。

吸進希望，呼出恐懼

你可能注意到，當你處於四F反應（戰、逃、僵、棄）其中之一時，呼吸會變得不規律，或許緩慢短淺，又或是快速急促。就連我的小孩也會這樣，每當情緒爆發前，他們的呼吸就會變得不平穩；而當他們專注於手作時，呼吸則是緩慢、穩定且順暢。雖然成人的體型更高壯、肺活量更大，有時也比較懂得隱藏情緒，但一樣會出現這種生理變化。

心情會影響呼吸，反之亦然：調整呼吸，就能改變心情。研究發現，用電流刺激迷走神經，有助於治療憂鬱症、創傷甚至某些自體免疫性疾病。呼吸也能發揮同樣的功效，只是自然多了。

有別於心跳和消化系統，我們可以藉由呼吸，有意識地控制部分自律神經系統。呼吸有如體內警報系統的遙控器，當呼吸平穩規律時，身體和大腦也會同步穩定。只要能調整呼吸，就能調節身體和神經系統，進而掌控大腦、情緒、衝動與注意力。誰不想有這種超能力呢？

既然呼吸這麼重要，那要怎麼做才能正確呼吸？大多數研究認為，呼吸頻率每分鐘四到六次，有助於我們進入身心容納之窗，這樣平均下來每分鐘約呼吸五・五次，每次吸氣與吐氣各五・五秒，因各人體型而異。

有趣的是，義大利研究人員發現，在不同地區、時代及文化背景下發展出來的頌詞和讚美詩──例如印度教的梵咒、拉丁文的《聖母頌》（Ave Maria）──都能讓人的呼吸、心跳、血流等生理徵象進入最佳狀態。

除此之外，非洲、亞洲和美洲的原住民頌歌中也蘊藏同樣的五到六秒呼吸週期。後來更有項針對美國九一一恐怖攻擊事件倖存者的研究發現，受試者若以上述頻率呼吸，即便不配合吟誦經文或詩歌，憂鬱及焦慮程度也會顯著下降。

幾年前，我有幸在以前就讀的學區裡教小朋友進行正念和呼吸練習。有個童年經歷坎坷的老友，形容他的成長過程「無時無刻都處於混亂中」，甚至在被牧師虐待之前，他就已經崩壞了。他對我說：「想想看，要是當初學校有教正念呼吸，我們就能更好地應對那些事情了。」他說的沒錯。我在許多朋友和案主身上都見證了學習呼吸技巧的好處。

在創傷經歷或瞬間經驗再現（flashback）時，利用呼吸來調節神經系統非常有效。然而，這類練習就像本書中提到的其他方法一樣，並非人人適用。對某些人來說，光是單純觀察呼吸就已經很難了，而呼吸練習，尤其是正念呼吸，可能會帶來更多焦慮，甚至引發負面情緒。

話雖如此，有意識且調整得宜的呼吸，能提供一個較持久的錨點，讓我們更有機會安在當下，穩定身心，這也是我之所以先介紹這些練習的原因。

若你在練習過程中遇到情緒上的困擾，你可以一邊呼吸，一邊搭配「接地」技巧（grounding）[1]，將雙腳用力踩在地面上，來增強穩定感。你也可以在練習中加入其他動作，像是動動手臂等，不必保持靜止狀態。另外，你也可以在吸氣的同時，想像自己吸入渴望培養的情緒或特質；吐氣時，想像自己呼出打算拋卻的情緒或特質。例如，你可以吸進自信，呼出恐懼。當然啦，書中所有建議和方法都可以嘗試看看。至於其他與呼吸無關的身體練習，詳見第二章〈提升自信，從改變姿勢開始〉一文。

呼吸能改變心情

焦慮時表現的急促而不規則的呼吸，就像對交感神經系統撥打119，會觸發戰或逃反應；同時，短淺無力的呼吸則會觸發僵直或昏厥／放棄反應。練習深呼吸與拉長呼吸時間，不僅能降低觸發創傷記憶與感受的機率，讓神經系統學會自我調節，也能使迷走神經趨於活躍，強化所有器官與大腦之間的溝通橋梁，進而促進身心健康，提升專注力。

規律且有意識地進行呼吸練習可以減輕壓力和焦慮、改善注意力與失眠問題，提高心率變異度、舒緩憂鬱，甚至增強免疫系統功能。

總之，調整呼吸的速度、深度和節奏，可以降低情緒反應強度，甚至改變心情。研究發現，我們可以藉由追蹤呼吸節奏和模式，來了解自己在生氣、平靜、悲傷、快樂、沮喪、興奮，甚至面對癮頭時的呼吸狀態，並透過特定的呼吸模式來改變心情。

1　一種透過感官體驗（如觸覺、聽覺等）幫助個體回到現實、聚焦於當下的技巧。

不同的呼吸法甚至可以調節我們的社交方式，幫助我們積極參與，而非消極退縮。

心率變異度（heart rate variability，HRV）

心跳之間間隔的規律性，是衡量心跳間隔差異的指標，與呼吸頻率有直接關係。

- 心率變異度失調：可能會導致心臟病、癌症、憂鬱症、焦慮症與創傷後壓力症候群。
- 心率變異度低（即心跳節奏缺乏變化）：表示神經系統失衡，難以應對當下的挑戰。
- 心率變異度高：反映出副交感神經系統與交感神經系統之間的平衡，能讓我們處於最佳狀態以應對當下的挑戰。

四種呼吸調節法

其實，你可能已經在日常生活中運用了一些簡單的方式來調整呼吸而不自知。關於冥想、瑜伽與祈禱的益處，目前文獻資料多有記載，但有的人沒耐心進行冥想，有的覺得去上瑜伽課很不自在，抑或不相信祈禱的力量。不過，我們可以藉由調節呼吸來進行上述這三種練習所帶來的好處。

你還能運用以下四招，隨時隨地進行簡單的呼吸調節。

一、延長呼吸：肺部不僅有與神經系統相連的神經，還有分布在肺部上下方和肺頂不同的神經末梢。

肺部下方的神經末梢會向大腦發出幫助減輕與關閉「戰或逃」反應的訊號，而深呼吸猶如按下肺部與神經系統的重置按鈕，讓我們放鬆下來。

我建議先用鼻子吸氣，然後從嘴巴輕而慢地吐氣，拉長呼吸時間。吐氣大概五秒左右，接著再吸氣五秒，呼吸頻率約每分鐘五次。

二、雙手抱頭：曾蹲過二十年苦窯、在獄中教授創傷敏感正念的佛利特・馬爾（Fleet Maull）建議，呼吸時將雙手放在後腦勺，並往後靠，同時呼吸，就能輕鬆伸展迷走神經，使呼吸更深、更慢、更規律，甚至還能改變體內的化學反應。

試試看，感受一下這麼做有何感覺。許多人已經在無意識地自我調節時，以此種方式來舒展身體。

三、無聲嘆息：另一件很多人每天都會不由自主做個十來次的事，就是嘆氣以紓解壓力和挫敗感。

嘆氣其實就是一種拉長且均勻的呼氣法，可以幫我們進入重置狀態。嘆氣聲可以像咒唱一樣，透過振動來放鬆肌肉，而無聲的嘆息也有同樣的效果。

你可以隨時想到就深吸一口氣，然後以無聲方式嘆氣吐出，看看自己有何感受。

四、數息吐納：這是一種更有意識的技巧，即一邊呼吸、一邊數數。

我個人喜歡7－11呼吸法，因為很好記也很簡單，就是吸氣數到七，吐氣數到十一（每次開車經過7－11便利店時不妨試試）。

類似的方法還有可改善睡眠品質的三角呼吸法（Triangle Breath）[2]和4－7－8呼吸法（吸氣數到四，屏氣數到七，吐氣數到八）；另一個選擇是方形呼吸法（Four Square Breath），或稱盒式呼吸法[3]（Box Breath）：吸氣數到四，屏氣數到四，吐氣數到四，屏氣數到四，然後反覆循環。

有意識地調節呼吸，剛開始往往會讓人覺得彆扭，可能需要一點時間練習。重點在於要找到一種令自己感到舒服的呼吸方式來調節神經系統。這樣，每當面臨困難或具有挑戰的情境時，我們的呼吸就能成為應對或預防的工具。

我的案主艾倫，他父親的性格暴躁，動不動就亂發脾氣。他從小看在眼裡，長大後更竭盡所能、努力避免重蹈父親的覆轍。

對艾倫來說，正念呼吸太過困難，單純觀察呼吸會讓他的思緒分散、無法專心，

2 呼吸時，在心裡觀想一個三角形，從頂點開始描畫邊線，吸氣三秒，屏氣三秒，吐氣三秒。

3 Box Breath，呼吸的過程就像沿著一個盒子的四個邊角順時針移動。

讓他很氣餒。不過，調節呼吸能在他被激怒時幫助他迅速恢復冷靜，做起來感覺也很自然，類似他高中時當曲棍球守門員時做的呼吸練習——那也是他生命中充滿挑戰、需要保持冷靜的時刻。

有陣子他不若以往淡定，所以經常趁等紅綠燈的空檔練習7－11呼吸法，或是在踏進家門前先在車上待一下，調整呼吸，因為他的太太和家人有時會讓他產生與面對他父親類似的情緒反應。倘若呼吸無法讓他專注當下，他會睜著眼睛，將手臂略微抬高，或是用力將雙腳踏在地面。

艾倫和許多人一樣，覺得光是觀察呼吸可能無法穩定內心，因此他刻意數息[4]，讓自己與呼吸保持客觀距離，以較冷靜的方式觀察自身狀態。

練習3　海浪呼吸法

如果你想嘗試正念呼吸，不妨加入一些視覺化的技巧來幫助練習。身為熱愛享受海灘者，我發現將呼吸想像成海浪，並感受其起伏還滿有效的。

在練習過程中盡情感受和享受呼吸，讓它如海浪般輕輕沖刷你的身體，穿透你的身體，為你從內到外按摩，甚至撫慰你的心靈。

- 閉上雙眼，或眼睛放鬆地將視線朝下，純粹專注於呼吸。
- 特別注意呼吸的聲音和感覺，這兩項元素會提醒你要專注於呼吸。
- 專注於你呼吸的輕柔呼嘯聲，像聆聽海浪拍打著海岸一樣聆聽你的呼吸。感受海洋波浪的輕柔起伏。
- 留意呼吸時輕柔的聲音，就像聆聽海浪拍打海岸般。感受波浪的徐緩起伏。
- 當你專注於呼吸時，留意呼吸的狀態，它們會像海浪般，有的長、有的短、有的平靜、有的洶湧。
- 呼吸宛如浪潮般，總是一波接一波，讓那些你渴望或排斥的想法、情緒和記憶，藉由一次又一次的呼吸，將它們沖刷乾淨。

4 即數呼吸的次數，能讓人把全部的注意力都放在呼吸的感覺上。

正念呼吸練習有助於提升呼吸調節力。只要持續觀察和傾聽自己的呼吸，你會逐漸熟悉呼吸型態如何受到情緒影響，就像潮汐會受月球影響一樣。更棒的是，你可以調整呼吸節奏，練習微調自己的呼吸。

試著在一天中觀察自己的呼吸狀態，注意在不同心情、地點和情境下的呼吸比例與節奏。你可以像觀察海浪一樣觀察呼吸，數算呼吸次數，或用你的感官享受呼吸。逐漸了解自己的呼吸後，請試著改變呼吸比例，或使用不同的呼吸調節練習，例如7－11或三角呼吸法等。即便是簡單的深長嘆氣或伸展動作，也能調節與重置你的神經系統。一切都操之在你。

03 提升自信，從改變姿勢開始

我剛開始擔任研究助理的工作之一，就是看人們在接受心理諮商時的錄影帶。隨著經驗的累積，我們這些研究人員幾乎光看靜音影片，僅憑肢體語言，就能大致分析與判斷案主的狀態。

擺出神力女超人姿勢能增強自信

你會如何描述那些深受憂鬱症、創傷或羞恥感所苦的人？每次我在工作坊中提出這個問題時，都會聽到類似的答案：「整天在奇怪的時間躺在沙發上睡覺，或是根本睡不著。」「吃太多，或完全不吃。」「整天盯著電視螢幕。」「孤僻，老是宅在家不出門，也不跟人碰面。」「不洗澡，甚至連睡衣也不脫。」有時候，還有人會直接癱軟在地，呈現類似僵直／昏厥的姿勢。

現在，請描述一下陷入困境時的自己（比如新冠疫情爆發初期）。你注意到有任何相似之處嗎？

心理健康會影響我們的身體和行為，反之亦然。事實上，科學研究指出，長時間駝背盯著螢幕或低頭滑手機，會改變我們的呼吸型態，影響我們的心情和自信，甚至減少對自我的肯定。當今的心理治療領域認識到，縱使無力用思維來改變行動，也可以用行動來改變思維與感受。正如呼吸會隨著情緒而改變（情緒亦會受呼吸影響），我們的身體也會隨著感受的不同而產生變化，所以我們可以藉由調整身體來改變心情及感受。

這與某些情境（如慢性病或創傷帶來的羞恥感）可能導致我們陷入憂鬱的狀態恰恰相反。創傷的痛苦源自於無力感。我們若能培養越強的內在控制力，未來面對壓力、創傷事件或危機時，就越能應對自如。

感到舒適自在，並能充滿自信地掌控自己的身體，是療癒創傷與重拾人生信心的第一步。你可以從簡單的拉筋和伸展運動開始。不少研究指出，瑜伽對身心健康大有裨益，可以改善憂鬱症狀、提升正念能力。如果你仍在創傷反應中苦苦掙扎，或許可以試試創傷知情瑜伽[5]，讓專業的老師確保你能在安全範圍內練習。

正向心理學家艾瑪・賽佩拉（Emma Seppälä）研究了瑜伽對戰後退伍軍人的影響，發現在瑜伽課程結束後幾個月內，受試者的調節能力上升、呼吸頻率降低，過度警覺和驚嚇反應都有所緩解，焦慮症狀（如惡夢、瞬間經驗再現）也減輕了。通常伸展幅度較大的瑜伽體式效果最好，特別是能深化呼吸的擴胸動作，例如眼鏡蛇式、上犬式等。

然而，你無須練習瑜伽也能體驗到改變姿勢對情緒的影響。艾美・柯蒂（Amy Cuddy）博士因發現「神力女超人」姿勢（雙手插腰、抬頭挺胸站立）能改變體內化學反應而聞名。其著作《姿勢決定你是誰》，內容是以她在TED演講上引發熱烈回

---

5 以心理創傷為重點的瑜伽練習，結合傳統瑜伽練習和身心療法的原則，能幫助經歷創傷（如身體創傷、情感創傷或心理創傷）的人恢復身心健康。

響的「權力姿勢」（power postures）為基礎，進而深入探討身心之間的連結。而她的研究團隊更進一步發現強而有力的證據，顯示覺察身體、安住在身體[6]，有助於我們從創傷中恢復。

我的案主莎拉曾在和平工作團擔任志工期間遭受暴力攻擊。她第一次走進我的辦公室時，目光低垂，不敢與人有眼神接觸，也害怕被人注意。儘管距離攻擊事件已過了好幾個月，她仍舊習慣用手蓋住脖子，以保護頸靜脈。

我建議她試試柯蒂博士的「權力姿勢」。莎拉後來分享她的心得說：「當我開始充滿自信並掌控身體後，那些傷害所帶來的痛就減輕了，至少不再像以前那樣困擾我，妨礙我去做想做的事。我很喜歡柯蒂在TED演講中提到的科學理論，然後我開始相信，像神力女超人這樣的姿勢能幫助我克服恐懼，擺脫羞恥感與自責。事實也證明這個方法的確有效。」

正如莎拉的做法，你可以利用權力姿勢來調整並降低皮質醇濃度，調節神經系統，重新掌控大腦，找回最好的自己。換言之，就是讓體內的神經傳導介質達到理想平衡，進而賦予自身力量，以充滿自信的方式進行自我調節。關鍵就在於你如何安住在身體裡。

健康的身體表現是一種保護因子，就像運動員高舉雙臂一樣，具有擴張伸展的特性。然而，遭遇創傷時，我們會縮小身體占據的實體空間與人際互動的空間，甚至減少腦容量的使用。出於羞恥感而產生的低頭姿勢，會使我們的視野受限，讓所見的世界變得更小。這種壓抑意味著我們假設所有的新事物都是威脅，而非中性的存在，更不是潛在的機會。這種焦慮只會引致更多焦慮，讓我們離真實的自己越來越遠。

充滿自信地安住己身能幫助我們活出最豐盛的生命，在安全區內茁壯成長。

---

6 inhabit the body，從內在感受身體與體內的生命，進而體認到自己是超越外在形相的存在。

姿勢會改變大腦的化學反應

雖然睪固酮常被誤解成一種會誘發攻擊性的荷爾蒙，但事實上，它不僅與我們（男女皆然）的自信、地位和領導力相關聯，也與賦能或「自我領導[7]」的概念有關，內在家庭系統療法創始人里查・史華茲（Richard C. Schwartz）將之稱作「理想狀態」。

想像運動員進球後高舉雙臂、慶祝勝利的畫面。這種肢體動作就像神力女超人姿勢，甚或挺直背脊的坐姿一樣，都能改變身體的化學反應。做出這些姿勢時，我們體內的睪固酮濃度會上升，抑制「壓力荷爾蒙」皮質醇分泌。自信和領導力都與高濃度的睪固酮與低濃度的皮質醇有關。

睪固酮唯有在與具破壞性的皮質醇結合時，才會引發攻擊性和「戰或逃」反應；兩者濃度同時增升時，則會讓我們變成「有毒」的人，對自己和他人皆產生負面影響。

用身體語言把自卑變自信

請問問自己：我平常是怎麼使用身體的？我的身體柔軟度有多好？我占據了多少空間？身體這麼做是否會覺得安全？「占據空間」給我什麼樣的啟示？我的肢體語言對外界傳達出什麼訊息？更重要的是，對他人傳達出什麼訊息？

觀察自己在一天中於不同情境、互動與活動中的聲音與身體姿態。選個安全的時間和地點，擺出幾種充滿權力感的姿勢，看看內在狀態是否有所變化。如果可以，在與他人相處時也試試這些姿勢。即使只是在內心想像自己擺出充滿自信的姿勢，也能改變我們的感受。

長輩常說「肩膀要向後收，胸部要往前挺，西裝第三顆釦子要扣上」是有道理的。如果你因為身體上的限制（無論是暫時性或永久性）而無法做出這些姿勢，也可在腦海中想像這些能帶給你力量的姿勢。研究發現，這樣做的效果幾乎跟實際行動一

---

7 self-leadership，了解自身優勢和工作動力的能力，並能將能量投入首要目標。

樣有效。

正如「關懷與善待」練習呈現出來的概念，我們還可以透過具有力量且充滿慈悲的手勢來調節創傷反應。研究人員與作家達契爾・克特納（Dacher Keltner）認為，來自朋友、寵物，或是經過我們同意後被他人溫暖地碰觸與撫摸，都能傳達一種安全與信任的訊號，有助於我們與他人建立連結，撫慰神經系統，讓我們學習包容，面對脆弱。

克里斯多夫・葛莫（Christopher Germer）與克莉絲汀・涅夫（Kristen Neff）在共同開發的「正念自我疼惜練習課程」（Mindful Self-Compassion Program）中建議，面對壓力時，可以將手輕輕放在感到緊張或情緒的部位，或者在有壓力時輕輕托住和支撐頭部。

正念自我疼惜VS.正向心理學

「正念」已然成了時下流行詞，但它究竟是什麼意思？我的定義是：帶著接納和不批判的態度，專注於當下的體驗，並試著有意識地做到這一點。

「正念自我疼惜」是承認自身痛苦並為其命名的練習。將自己的痛苦與人類的痛苦聯繫起來，能讓我們接受它的存在，進而善待自己。克里斯多夫・葛莫說，練習自我疼惜並不是為了讓我們感覺更好，而是因為我們覺得難受。

至於「正向心理學」則是研究並實踐如何超越僅僅滿足基本生存需求，進而活出美好豐盛的人生。

……

練習4 支持性碰觸

• 壓力大的時候，先好好呼吸，讓自己放鬆下來，接著像前面「關懷與善待」所練

……

習的那樣，將一隻手或雙手放在胸口，感受這種來自外部施加的溫和觸碰，以及這股溫暖落在你內心的哪個位置，感覺它帶來的安慰，甚至還可能蔓延至全身。

- 如果這樣做讓你覺得不自在，不妨給自己一個溫柔的擁抱、握住自己的手、捧著自己的臉，或是單純觀察雙手交疊／放在腿上的感受。花點時間細細品味這些感覺，也許你會感受到那股溫暖和關愛從雙手擴及全身。此外，這也是很棒的助眠方法。

- 當然，你可以更進一步，給自己一個「蝴蝶擁抱」（butterfly hug），這種擁抱法最初是用於撫慰創傷。先以雙手環抱肩膀，然後抬起手臂，雙手輪流輕拍左右肩；或是一邊調整呼吸，一邊溫柔撫觸自己。這種觸碰不僅能讓人感到平靜，也能進行雙側刺激（bilateral stimulation）。

- 雙側刺激是指同時刺激大腦左右半球。我們每次走路、跑步、游泳、騎車或進行任何同時運用身體兩側的活動時，都能產生這樣的刺激。有些創傷療法會在療程中，刻意輕拍個案身體兩側，以進行雙側刺激，例如腦點療法[8]、眼動減敏與歷程更新療法[9]等。

用高權力姿勢強化正能量

注意自己一整天的姿勢、呼吸，甚至是聲音。它們對你和其他人傳達出什麼訊息？想一想，一個羞愧或受創的姿勢看起來是什麼模樣，感覺又如何？若與自信的舞姿、表演結束時的鞠躬、伸展肌肉的瑜伽拜日式、仰臥推舉衝過終點線時高舉雙臂、擊出全壘打，或網球發球後直接得分相比，有什麼不同？

我有一位案主曾在青少年時期遭受殘酷的霸凌與欺侮，但她發現，只要站著和走路時抬頭挺胸，就能改變心情，別人對待她的方式也會不一樣，有人會開始主動接近她，有人則選擇迴避，不敢招惹她。另外，她還從拘謹壓抑轉換為放鬆開展的姿勢，就像鐘擺擺盪（pendulation）一樣，不斷地變換做練習，以培養內在的自信和創意。

---

8 Brainspotting，一種新興的心理治療方法，主要藉由外部視覺方位的移動，找到與內部神經和情緒經歷相關的視點（即腦點），處理藏於深處的創傷。

9 Eye Movement Desensitization Reprocessing，簡稱EMDR，由美國心理學家法蘭辛・夏皮羅（Francine Shapiro）博士提出的心理療法。主要透過眼球運動來誘發神經傳導系統，協助患者重整與處理創傷記憶，同時對創傷事件產生新的正面認知，紓解情緒困擾。

採取強而有力的姿勢有助於我們以更健康的方式，承擔更多需要深思熟慮才能處理的風險。比方說，在遭到批評時擺出權力姿勢，能幫助我們不被那些言論影響；在面對人生挑戰時，昂首挺胸也會有意想不到的效果。

此外，我們的聲音和語調也會隨著身體姿勢而變化。當姿勢充滿自信時，就連我們的用詞都會變得更果斷，繼而改變別人回應我們的方式。當我們呼吸「快樂」的氣息，並保持自信的姿勢時，往往會回想起更快樂的記憶，抽象思考的能力也會增強。反之，當我們坐著、站著或走路時彎腰駝背，則容易注意到負面事物，進而強化消極的心態。找個時間測試一下，親自體驗看看吧！

04 步行：讓自己動起來的正念法

我曾問一位知名的神經科學家同事，什麼行為最有益大腦健康。

她毫不猶豫地回答：「很簡單，就是運動。」

「可是，是什麼樣的運動？」我繼續追問，「是冥想、填字遊戲、數獨，還是學語言……」

「不對，都不是！」她硬生生打斷我，「體能鍛鍊才是健腦大絕招。總之，讓身體動起來就對了！」

我深入研究後，發現許多科學證據都證實了她的觀點。

活動筋骨，就能改變思維

輕度運動，就算只是每週幾次二十分鐘的散步，對輕度至中度憂鬱症的療效都不亞於藥物。運動還能改善焦慮、注意力與睡眠品質。事實上，瑜伽發展出各種體式的初衷，可能是為了讓人在長時間冥想與學習時保持專注，而非訓練體適能或提升身體柔軟度。

大家應該都聽過癌症患者在戰勝病魔後去跑馬拉松之類的故事。我有位案主離婚後去爬了喜馬拉雅山，另一個我治療過的學生則是在遭人襲擊後努力健身保護自己，以免類似的情況再度發生。不過，大多數人不會這麼做，也不需要這麼做。（坦白說，我二十多歲也攀登過喜馬拉雅山，它的確很壯麗，但也讓人覺得非常孤單！）

也許之前我們覺得曾被身體背叛，或是我們背叛了身體，但運動能讓我們重建對身體的信任。即使是微小的運動和行動目標，也能為我們帶來努力的方向，並創造一種目標感。此外，有些人可能會遇到行動受限的情況，此時，除了運動之外，還有其他方法能讓你的身體感到平靜。

靜觀運動（contemplative movement），無論是儀式舞蹈、體育競技、武術或其他形式，都存在於大部分的文化中。創傷研究專家彼德・列文（Peter A. Levine）認為，有意識地搖晃身體——就像自然界的動物在搏鬥後會有的動作——可以釋放壓力反應，而跳舞和搖擺也有異曲同工之妙。

另外還有許多簡單的方式能讓你安全地移動身體，並與之連結，正念且充滿慈悲地步行就是其中之一。藉由放慢速度，我們可以更專注於當下的每一刻，透過身體來感受內在心境與外界環境。所謂的「步行冥想」（walking meditation）也在在提醒我們，正念不僅是一種靜止且孤獨的室內修練，而是一種可以透過身體活動實現的練習。

七種步行練習

事實上，研究發現，許多上過正念或自我疼惜課程的人，最喜歡、也最有可能堅持下去的練習就是「步行」。下列七種方式能讓我們在走路時覺察自我，也更為專注，使步行成為促進心理健康的有力工具。

走路能同時鍛鍊身體與主掌情緒調節的腦區，是很多人每天都會進行的活動，而且就像呼吸一樣，是我們能夠不假思索的行為。

以下練習大多可在任何地點進行，像是公園或停車場。如果你不喜歡走路，或是行動能力有限，也可以試著在其他種類或形式的活動中保持正念，同樣有益於身心。例如許多殘疾的退伍軍人與行動不便者會因應自身情況進行調整，使用輪椅等輔具來實踐這些概念。

一、基本步行冥想

剛開始時需要注意的事情很簡單，那就是：走路時留意自己正在走路，將注意力集中在身體的感覺上，比如腳底接觸不同地面的感受。

要跳脫我們時常陷入的「自動駕駛」模式，你可以問問自己：「我要如何留意自己正在走路？」然後檢視一下感官反應。除了腿部活動外，還包括手臂、軀幹、脊椎和頭部的動作。你可能會發現自己的脈搏、體溫或呼吸頻率在走動前、中、後出現細微的變化；或是你也可以集中精神，觀察當重心轉移時，身體輕輕擺動的感覺。

靜坐冥想有時會以呼吸為定錨，將注意力安放在吸氣與吐氣之間靜止的那一刻。同樣地，在步行冥想時，我們也可以以右腳換左腳、左腳換右腳時作為靜止點，幫助我們保持專注。

步行冥想沒有固定的正確方式，你可以盡情探索，看看有哪些方法，能讓你在邁出每一步時與身體產生共鳴。

二、一步一言

有時單純的正念步行，對我們浮躁的心靈是一大挑戰，你可能會覺得無聊或渾身不自在。倘若出現這種情況，不妨隨著步伐來數拍。每當恍神、忘記數到哪裡時，只要留意自己的思緒飄向何方，把自己拉回當下，再重新從「一」開始數起即可。

記住，千萬不要對自己分心感到自責。只要勤加練習，總有一天會看到成果。

此外，邊走邊默唸一些句子或許也有幫助。舉例來說，你可以一邊走路，一邊感謝雙腳和身體，這也是將感恩與慈悲傳遞給自己的自我疼惜練習。如果你曾遭遇身體上的背叛，這麼做應該會有所助益。

你也可以在心裡反覆默唸，或輕聲說出一些能幫助你提醒自己回到當下的話語。例如參考一行禪師的下列建議，每走一步就說一句：

「我已到了，
我到家了，
在此地，
在此刻。」

有一次，我聽到朋友仿照上述練習，邊走邊說了幾句超讚的話：

「無處去，
無事做，
無所求。」

還有位工作坊學員則建議，我們可以在每一步中留下些什麼，就是一種傳承：

「每走一步，我都更接近自己想成為的樣子，並遠離過去的自己。」

你可以在行走時嘗試上述其中一種或所有的方法，又或是創造一些能讓自己有共鳴的語句。當然啦，如果你能像接下來要討論的那樣在大自然中行走，那就更好了。

三、感官式森林漫步

無論是在山林中或海岸邊，不少人都曾從中體驗過大自然具有療癒與撫慰混亂情緒的力量。研究證明，驚嘆與敬畏的感受可以改善心情，提升情緒復原力，而置身大自然，被樹枝、葉脈、貝殼、花草、雲朵、海岸線等自然界中重複出現的碎形（fractal shapes）[10]圖案環繞時，這些感受就會油然而生。

簡單來說，走入大自然對我們好處多多，運動也同樣有益。既然如此，為什麼不把兩者結合起來，讓效果加倍呢？

日本的森林浴步行冥想，強調要運用「五感」（視覺、聽覺、嗅覺、味覺、觸

---

10 自然界中常見的複雜結構，看似不規則的形態中蘊藏著某種秩序之美。

覺），這麼做能有效帶領我們回到當下。雖然思緒可能會奔向令人憂懼的未來或充滿痛苦的過去，但感官知覺能幫助我們重回當下。一旦專注於此時此地，我們就能全心投入地體驗戶外活動，欣賞周遭一切，珍惜這些寶貴時光。

下次當你置身於山野林木間時，不妨嘗試以下的方法：

- **視覺：**首先，雙眼直視前方，邊走邊觀察各種形狀和物體在進入或離開視線範圍時，景象如何改變。留意見到的色彩和色調、自然界中反覆出現的碎形圖案，以及事物之間空隙的形狀。
- **觸覺：**接著，讓目光隨意移動，將注意力集中於腳底，感受踏上不同地面的觸感，以及腳步又是如何適應環境變化等。同時也留意衣服貼著肌膚的觸感、空氣的質地和流動，以及陽光灑落在身上的感受。
- **聽覺：**將意識轉移到聲音上，注意自己的腳步聲、行進間周圍變化的音響、樹木的低語、溪河的流水潺潺、海浪的起伏，以及任何會引起你注意的聲響。
- **嗅覺和味覺：**現在，將焦點放在空氣中的味道和氣味，注意它們是如何隨著你所在的位置而改變。觀察你對嗅聞到的氣味所產生的情緒反應，呼吸時感受樹木提供的氧氣，然後呼出二氧化碳提供樹木進行光合作用作為回饋，以此方式維繫彼此相互依存的關係。

- **欣賞**：最後，在接下來的散步中，專注於沿途遇到令人愉快的美好事物。研究證實，這麼做同樣能改變我們的心情和觀點。

一九八〇年代，日本醫界提出「森林浴」的概念。事實上，日本政府更挹注了數百萬美元進行相關研究，並建立數百個森林療法中心，如今這種方法更推廣至世界各地。倘佯於林間能降低心率、改善認知功能並增強免疫反應，住在森林附近，據稱也能降低罹癌風險，提升整體健康狀況。

植物釋放的芬多精，能降低體內的壓力荷爾蒙與攻擊性，緩解焦慮和憂鬱，並調節疼痛與免疫功能。例如在林中漫步能提高免疫系統內「自然殺手細胞[11]」的數量與

11 NK細胞（Natural Killer Cell）是人體先天免疫的第一道防線，一旦在體內發現癌細胞，便會在第一時間攻擊並清除它們。

活性，時間長達一週。

身處自然中還可以增強大腦的 α 波，促進血清素分泌，舒緩焦慮與降低攻擊性。從陽光中獲取的維生素D則可調節情緒，有益身心健康，而曬太陽也能讓負責調節生理時鐘的褪黑激素增加分泌量，改善睡眠品質。

一項研究指出，住院病人若從病房裡就能看到戶外的樹木等綠意，往往會恢復得更快，所需的止痛藥更少，術後併發症也會減少。就算只是觀看自然風景照，也能降低皮質醇濃度，增強免疫功能，減少患者對止痛藥的需求。目前已有證據顯示，在辦公室擺放植栽能讓專注力、工作效率和幸福感提升百分之四十七，同時還能改善心情；在居家空間放置綠色植物，有助於延長老年人的壽命，而看到鮮花則可提振精神與專注力。

四、體現覺知步行

自創步行冥想練習是件非常有趣的事。最近我嘗試了一種新方法，就是在走路時覺察身體的各個部位，好好感受它們，並對它們表達感恩之意，就像是在行進中進行身體掃描的概念。

- 走路時，先把意識放在雙腳上，注意腳底的感覺。
- 走了大約二十步後，將注意力轉向腳踝和小腿，對它們表達感謝。
- 幾分鐘後，懷著感恩的心，將注意力聚焦於膝蓋後側（膕窩）。
- 接著，專注在髖部的活動與感覺。
- 過一段時間後，將注意力轉移到手和手臂，觀察它們是如何自然垂落在身體兩側，又是如何隨著步伐擺動，欣賞並感謝它們的力量。
- 然後，仔細觀察軀幹的感覺，包含心臟和肺部，注意它們的變化。
- 接下來，將注意力放在頸部和肩膀。
- 最後，留意頭部，感受它隨自己踏出的每一步輕輕上下擺動。
- 繼續一邊走，一邊掃描身體，注意行進間的感覺及其轉變。

五、感恩步行

不少研究發現，走路時欣賞周邊環境可以改變心情，且這些正面影響在散步結束很長一段時間後仍常持續著，效果與其他感恩練習類似。「欣賞式步行」的靈感即源自這些研究，方法也很簡單，那就是邊走路，邊留意周遭的美好事物。

在走路時，你可以讓這種練習形成習慣：留意沿途至少一件令你感到愉悅的事物，無論是美麗的事物、有趣的場景，還是善意的行為。什麼吸引了你的注意？是一道特別燦爛的陽光、有著你最愛顏色的房子或汽車，抑或某棵開花的樹散發的香氣？你可以把觀察到的細節寫在日記裡、拍張照，或是跟他人分享你在路上的所見所聞。

如果你天天都走相同的路線，不妨將注意力放在察覺到的變化上。日復一日，觀察四季逐漸更迭，沿途的景物、感覺、氣味和聲音有何不同？你每天行經這裡，發現哪些新事物？一天中不同時段有何差異？週末與週間又有什麼不同？

六、情境模擬步行

走路的姿勢和方式會影響我們對自身的感受，而這種感受也會影響他人如何看待我們。

艾美・柯蒂的身體姿勢研究指出，走路「彎腰駝背」（有時我們會這麼做，是為了避免被注意），會讓我們感覺比「昂首闊步」更糟。昂首闊步代表什麼呢？就是抬頭挺胸、邁開大步，增加手與雙臂的擺動幅度，這樣做能向自己及外界展現自信。

我們在這世上擁有自己應有的空間，透過改變身體姿勢，就能改變心理狀態，從過去的創傷中，拿回原本理應屬於自己、甚至比先前更多的空間。

你可以留意情緒是如何影響你的步伐及沿途觀察到的事物，藉此探索自身的情緒，反之亦然。當你快樂或悲傷、平靜或焦慮、沮喪或放鬆時，你的動作、反應或看到的東西有什麼不同？你走路的方式及行進間注意到的事物如何影響你的感受？

你甚至可以刻意嘗試以害怕、焦慮、羞恥、心煩意亂或惱怒等不同的情緒行走，之後，再以自信或快樂的方式走路。也許，你可以參考致力協助受虐兒的小兒科醫師珍・裘森・貝斯（Jan Chozen Bays）的建議，假裝自己是英國喜劇團體「蒙提派森」（Monty Python）中「低能走路部」（Ministry of Silly Walks）的官員，然後，如果你還能找到自己正常的步伐，試著回到其中，你的感覺如何？

無論身體是靜止或移動，都會影響我們的感知、自我知覺（self-perception）等。如果行動可以改變我們的思維方式，那麼步行也能改變我們的感受。

七、探索自我的步行

當我們被創傷所困，對周遭的人事物感到畏縮時，可以試著透過對世界，以及我們的情緒反應產生好奇心，來予以應對。

例如，在走路時，當有人靠近你時，你注意到自己有何感受？行經特定的地標時，又有何感覺？也許當你經過他人時，會感到有點侷促不安；沐浴在溫煦的陽光下時，會感到一絲愉悅；隨後當你看到前方的小山坡時，內心可能會有些許不安。人、地方、聲響，甚至一天中不同的時段，都可能引發你微妙的情緒反應。仔細想想這些感受，也留意平常走路的步伐會讓你感受到哪種情緒。

將正念融入運動還有一個好處，就是能同時鍛鍊心智和身體。透過正念，我們能夠健腦，活動也有益身心健康。另外，擁有一顆愛玩的心能幫助我們擺脫自我意識，增強認知靈活性。創傷可能會奪走我們的快樂，但玩興能讓我們重拾快樂，激發創造力，強化我們與朋友、家人，甚至陌生人的連結。

05 吃出復原力

回想一下先前談到的壓力反應：當你被獅子追趕時，除了「獅肉乾」外，你還會想吃什麼？可能是含鹽、脂肪、糖分及其他能快速提供熱量的食物，好讓你有力氣與獅子搏鬥或拔腿狂奔。我猜，在我那些逃離獅子並將基因傳給我的穴居祖先中，沒有人會在那個時刻想吃羽衣甘藍。搞不好他們從來都不想吃那種東西。

而且，我們的祖先也不會在前往塞倫蓋提[12]大草原覓食前，花四十分鐘全神貫注地吃下一顆葡萄乾。我還記得很久以前我在上第一堂正念減壓課時吃的那顆葡萄乾。當時才二十歲的我帶著滿滿的好奇，花了二十五分鐘，以正念的方式，專心咀嚼著老師發給大家的那一小顆葡萄乾。從那第一次令人敬畏的味覺體驗開始，我就迷上探索正念的奧祕。

當時我有如剛改變信仰的教徒般，滿懷熱忱地走出教室，告訴自己每餐都要像吃那顆葡萄乾一樣專注。但幾個小時後，我卻窩在爸媽家的地下室，一邊狼吞虎嚥地狂嗑披薩，一邊看電視上重播的《辛普森家庭》。之後，我規定自己每個月要進行一次「正念用餐」的練習，那一餐我會安靜地細嚼慢嚥，斷絕所有干擾，專注眼前的每一口食物。

隨著歲月流逝，正念飲食儀式在我人生中的排序逐漸下滑。有了小孩後，要做到這點更幾乎是不可能的任務。直到我進一步探索「非正式」的正念，我才開始領悟到，只要以自我疼惜的方式，就能為飲食注入「更多正念」，而不是一方面追求完美的形式化，另一方面卻又漫不經心地進食。就本書要探究的重點而言，採用自我疼惜的進食心態，可以幫助我們攝取大腦所需的營養，進而增強我們面對壓力的韌性。

說到自我疼惜，下次當你想吃餅乾時，請記住，這可能是你的身體試圖逃離獅子的一種方式。

12 坦尚尼亞的首座國家公園。

慢食：在「吃」之前，先想一下

許多人與食物和飲食之間的關係一言難盡，這可能源自於社會或家庭接收到與食物和身體有關的各種矛盾文化訊息；再加上壓力和創傷，甚至在壓力過去很久之後，我們的食慾和新陳代謝仍可能明顯的紊亂和失調。

對某些人來說，特定食物可能會觸發負面情緒；有些人則可能為疾病所苦，導致食慾受到嚴重影響，醫囑中嚴格的飲食規定，也可能會讓人覺得失去對身體自主權與選擇權，而倍感無奈。

以下的「正念飲食表」提供了六條簡單法則，能幫助你進一步呵護身心靈，在盲目飲食與自我疼惜之間找到（更）正念的飲食平衡。請記住，你不必做到完美，只要將這些建議當成靈感，用來思考你該如何看到食物。良好的飲食習慣能為身體和大腦提供所需的精力與能量，使其以更有效的方式來調節神經系統和情緒，讓你對生活的選擇更有掌控力。

盲目飲食VS.正念飲食

盲目飲食	（較為）正念飲食
吃飽後仍繼續進食，無視身體飽足感	傾聽身體的聲音，在吃飽時就停止進食
情緒性進食（例如：悲傷、焦慮、孤獨）	身體發出飢餓訊號時才吃（例如：肚子咕嚕叫、能量不足）
隨時隨地想吃就吃或錯過正餐	在合理的時間和地點有目的地進食
只吃那些能撫慰情緒的療癒美食	飲食種類多元，且包含營養健康的食物
邊吃邊做其他事	吃東西時要專心
只專注眼前的餐點，不在乎食材與原料來源	注意食物的來源

放慢速度是讓身心彼此溝通交流的最佳方式之一，能讓我們了解自己真正的需求。然而，這個機制可能會因創傷而被破壞，以致運轉失靈。我們之所以常在不知不覺中吃太多，是因為大腦發出飽足感訊號約二十分鐘後，身體才會感到飽。因此，即使只是稍微放慢速度，也能讓身體有機會跟上大腦的節奏，進而只吃所需的分量。

有些簡單的慢食方法，可以在老一輩的餐桌禮儀中找到，例如坐著吃飯、每口咀嚼二十五下、每吃一口就放下叉子等。這些「老派」的規矩或許不像表面上看起來那麼沒意義。少吃一點、每吃一口就停下來，也能放慢吃東西的速度，讓你更加專注進食。問問自己：你是很飽後還繼續吃，無視身體發出的訊號；還是會放慢進食速度，在出現飽足感時就停止進食？還有哪些方法能讓你放慢進食速度，好好傾聽身體發出的訊號呢？

定時定點進食也能使我們放慢生活步調，形成健康的環境暗示，讓我們知道自己該吃什麼，又該吃多少。問問自己：真的希望每次在車上或看電視時就吃東西嗎？大多數人都會吃零食，但建立規律性則有益於身心健康。

為何明明不餓卻想吃？

如果身體曾背叛我們，或是遭到背叛，通常我們往往會先聆聽內心的聲音。不過，正如許多身心療法提出的概念，先觀照身體可能是比較明智的做法。

在接收到情緒訊號時（這類訊號因人而異），與其直接開吃，不如仔細聆聽身體的需求。肚子有沒有咕嚕作響？是不是感到疲倦沒有活力，能量不足？會不會覺得頭有點暈？很多時候，我們的選擇會被情緒牽著走；雖然有時情緒的確可以提供指引，但我們也可以試著去覺察與照顧身體的感受。

真正的正念飲食能有效提升復原力，而深入傾聽身體發出的飢餓訊號是很重要的一環。你可以藉由以下幾個問題來確認：

- 我為何而吃？是出於情緒需求還是生理需求？
- 我覺得餓時，身體會發出哪些訊號？情緒性飢餓的觸發點又是什麼？

其他常見的盲目飲食包括不時漫無目的地在櫃子前翻找東西吃，以及隨時隨地想吃就吃。也許你曾用「吃東西」來自我安慰，或是人生曾有過一段艱困混亂的時期，而這些都是當時遺留下來的習慣。我並不是說你現在一定要做到完美，但有意識、有目的地吃正餐和零食，能幫助你朝更好的方向前進。

另外，我們的身體會根據進食時間來判斷何時該上床睡覺（這是來自頻繁飛行常客的專業建議），因此，我們應該試著每天在固定的時間坐下來，用餐具品嚐碗盤中的食物，而不是直接就著外帶餐盒吃。飲食也可以是一種特別的——甚至是神聖的——自我照顧行為。

跟別人一起用餐或許會有幫助。這麼做除了能彼此陪伴與分享、建立健康的人際連結外，還能讓你放慢節奏，好好享受美食與對話。從同桌夥伴那裡接收到的暗示，也能讓我們避免因情緒影響而吃太多或太少。

此外，規劃菜單、思考要吃什麼（不管計畫有多簡略），也較有可能讓你在用餐當下就攝取身體所需的分量，而不是在後續刻意少吃或暴飲暴食。

將食物好好收進櫃子或冰箱，而非隨意擺放，這樣可以減少被食物視覺提示誘發的進食衝動。但若你像我一樣壓力大時會忘記吃飯，或許可以反向操作。

還有，坐在餐桌前用餐，也能避免分心，或是邊吃邊處理其他事情。當然，還要遵循一些老生常談、但的確很有幫助的建議，例如：購物前先列好清單，不要在肚子餓或情緒化的情況下去採買。記住，當壓力纏身時，我們可能會事後才想到要好好吃東西；筋疲力盡時，叫外送或打開一包洋芋片，會比準備一頓健康的午餐要容易得多。當然，只要以有意識、有目的的飲食為目標，吃點即食食品是沒什麼大問題的。

你可以反思以下的問題：

- 你的飲食習慣是不規律，還是至少會遵循某種常規？
- 吃東西的時候，你是否會意識到自己正在進食呢？

實用的飲食規則

我不想為特定的飲食方式背書，但我必須說，知名飲食作家麥可・波倫（Michael Pollan）提出的「飲食規則」真的很實用，像是：別吃祖父母輩不認為是「食物」的那些東西；遠離添加太多化學成分，或即使看了成分也不知那些字該怎麼唸的加工食品；採買規劃擺放在超市外緣區域的生鮮食品；吃八分飽就好，不要吃到撐；盡量在固定時間吃飯，且跟別人一起用餐。

正念吃葡萄乾練習法之所以有效的原因之一，是因為放慢速度吃健康的食物時，那種體驗往往會超越我們平常對健康食物的刻板認知，讓我們更喜歡這類食物。一旦開始練習攝取各式各樣具有營養價值的食物，我們對安慰食物（comfort food）的狂熱與渴望就會減弱，更願意選擇與享受健康食物，最後發現它們無論在情緒上還是身體上，都能讓我們得到滿足。

另一個經典的建議是：不要在飢餓的時候去購物，並避開餅乾零食區。不過，要小心一種名為「道德許可」（moral licensing）的心理效應。研究發現，如果你說服自己「做了好事」——例如買了羽衣甘藍，這樣你更可能給自己理由走向酒精或冰淇淋區。我們似乎認為自身的「好業力」可以抵銷放縱的行為。記住，正念飲食的重點是不必追求每一餐都完全符合健康標準，也不需要完全避免所有不健康的食物，而是要學會在健康與享受之間找到平衡。

備餐或進食時，注意一下：

- 你在吃的是具有療癒心情效果的食物，還是也兼顧了營養的健康食物？
- 你在健康食物與安慰食物間找到平衡了嗎？

享受吧！專心吃飯

食物能讓我們與他人相互連結。當我們停下來思考每一頓盛於盤中的餐食背後蘊含了多少人的努力和辛苦——從為我們準備食材、下廚烹飪的親人（包括你自己），到負責補貨的工作人員，再到供應鏈中的碼頭工人與卡車司機、耕種與收成作物的農民——我們心裡很難不湧現感恩及與他人密切相關的感覺。

除了從產地到餐桌這段食物里程中的人際網絡外，還可以反思孕育我們的美食文化傳統、朋友慷慨分享的食譜，或是從遙遠時代與地方傳承至今的家族祕方，這些料理往往伴隨頑強抵抗、堅韌又充滿人文味的故事。我個人覺得這樣的靜思深省很療癒。有一天我在正念飲食時，突然意識到自己的某些飲食習慣可能與不正當的供應鏈有關，例如剝削勞工，又或涉及毒品交易或非法行為。這個頓悟在幫助我戒除成癮、擺脫既往不健康的飲食習慣，產生了至關重要的作用。

一行禪師提醒我們，品茶如「飲雲」，在喝茶的過程中，要時刻記得茶水是來自水、土壤及其他的自然元素。同樣地，你也可以在用餐時保持這樣的覺察，向為你眼前餐點而犧牲的動物和生態系統表達感恩。

當你思考送到餐桌上的每道餐點背後所涉及的一切，以及為此付出的人們時，你很自然就會心懷感恩，並想要對那些為我們的餐食付出時間、精力，甚至犧牲生命的人事物表達感激之情。只要多一點點更正念的覺察，我們就能在飲食中做出更明智的抉擇，挑選永續且健康的食材。這不只是為了我們自己，也是為了整個地球，進而使所有人更具韌性。

想一想：

- 你的食物是從哪裡來的呢？
- 你的飲食是如何將你與家人、社區，及更廣泛的文化和世界聯繫在一起呢？

幾年前我看到一個迷因，上面寫著：「咖啡店裡有個傢伙坐在桌前，沒滑手機，也沒用筆電，就只是單純喝咖啡。簡直是心理變態。」這種情況現在真的很少見，但如果你試著這麼做，我保證，接下來一整天你會過得很不一樣。

邊吃東西邊做其他事，很容易讓人忽略身體的需求和欲望。大家應該都有過類似的經歷：抱著一大桶爆米花走進電影院，開演前的預告都還沒播完，我們就開始納悶到底是誰把爆米花吃光了。分心會讓人難以傾聽身體發出對食物及其他需求的訊號。下次用餐時，請試試「一心一用」，專注吃飯，不要看螢幕，阻絕一切干擾，好好享受與他人聊天相伴的時光。

當你這樣進行正念進食時，你會感覺自己身心更好，無論是在進餐前、進餐中還是進餐後。或者，我有位案主的話可能會讓你很有共鳴。身為喜劇演員的他曾對我開玩笑說道：「吃得健康感覺很棒，因為你會覺得自己比那些飲食不健康的人優秀多了。」我不知道這算不算練習正念飲食的好理由啦，但是，嘿，只要能讓你開始照顧自己，什麼理由都行。

想一想：

- 你吃飯時通常會邊做什麼？
- 如果你只是單純地好好吃飯，專注用餐，會有什麼不同的感受？

06 睡眠是加速康復的良藥

你可能已經知道，睡眠的好處多到數不清，但對許多正在經歷創傷或走過傷痛的人而言，睡覺說來簡單，做起來卻難如登天。壓力和創傷會讓我們的身體相信，讓自己展現脆弱、放鬆到足以入睡是件很危險的事，因此我們會保持高度警戒，導致難以入眠，或容易睡睡醒醒。有些人可能會因為害怕做惡夢而不敢睡覺，神經系統也會處於警覺狀態，讓人怎麼也睡不著。

有幾個方法可以緩解失眠問題，改善睡眠品質。例如，規律運動和飲食能給予身體按時入睡的信號，反之亦然，因此，保持某些日常習慣與生活作息就變得非常重要。你無須每天嚴格按表操課，過著一成不變的日子，特別是在身陷危機的時候，但熟悉的作息與生活節奏的確能舒緩我們對未來的焦慮，讓大腦更有餘裕處理當前的情緒，並讓我們有一些值得期待的事情。此外，養成所謂的「睡眠衛生」習慣也有幫助，像是每天都在大致相同的時間起床和睡覺等。

其他助眠小技巧包括：讓房間保持涼爽、黑暗；播放能帶來安全感、具撫慰效果的聲音或白噪音；睡前一小時遠離電子螢幕，不要碰手機、電腦、平板等。

好好睡一覺，真的很重要

科學研究印證了一件大家都知道的事：缺乏睡眠會讓人感覺更糟。

睡眠對人體免疫系統和心理健康都影響甚鉅，睡眠不足似乎會讓我們的想法變得比較消極和悲觀。研究證實，睡眠不足的人較容易回憶起負面事物，而不是正面及中性的事情。另外，睡眠在處理創傷和預防創傷後壓力症候群方面也扮演著關鍵角色。在波斯灣戰爭中被上級要求必須睡覺的軍車駕駛員，出現的症狀比戰鬥部隊隊員更輕微。

基本上，我們大約要睡八個半小時才能自我修復，讓大腦和身體維持正常運作。

工作繁重的人和運動員往往需要更多睡眠，例如網球傳奇費德勒、籃球巨星詹姆斯（LeBron James）、短跑名將「閃電」波特與網壇天后大威廉絲都表示他們每晚要睡十到十二個小時，許多NBA球員更是每天都要小睡片刻。

睡眠不足還會影響新陳代謝。缺乏適當且足夠的睡眠會讓人容易嘴饞，渴望攝取更多糖分及碳水化合物（大概是為了在短時間內快速獲取能量），並擾亂身體的飽足訊號，致使我們總是覺得餓。研究顯示，這種情況在夜間與女性身上尤為常見。

極度疲累時，身體會大量分泌皮質醇（一種壓力荷爾蒙）。夜班工作者似乎更容易罹患各種癌症、憂鬱症、心臟病、糖尿病和肥胖症。睡眠不足還可能影響我們的執行力和專注力。

此外，我們的身體會根據晝夜節律來調整睡眠，因此，每天出門曬太陽或至少待在窗邊一段時間是很重要的，這對改善情緒也有幫助。對常熬夜或飽受失眠之苦的人來說，睡眠不足對大腦造成的影響顯而易見。研究發現，睡不好和睡不飽不僅會讓人隔天腦袋混沌，出現彷彿智商下降的情形，還會讓人無法集中注意力，難以控制情緒。

身體掃描，找回平靜的自己

我的案主雅各是一名攀冰運動家。他在一次嚴重的意外中摔斷好幾根骨頭——但事發地點不是冰雪皚皚的南美洲安地斯山脈頂峰，而是美國新罕布夏州一座結冰的飯店停車場。事發後，他開始失眠，無法入睡（補充一下，雅各自己在攀冰和教別人的時候都極度注重安全）。

年輕時期的他，曾努力對抗酒癮，而他對攀冰的熱愛也成了一種健康的紓壓管道與自我調節方式，讓他自覺有能力應對生活中大大小小的挑戰，掌控自己的身體，同時滿足自身神經系統對健康冒險行為的渴望。

而跌倒事件的發生讓雅各的心理創傷和痛苦非常嚴重，加上這次跌倒與攀冰無關，因此他覺得非常丟臉。雅各一遍又一遍不斷重現意外發生的那一刻，因為他的大腦拚命想替這個故事寫下一個全然迥異、不會成為恥辱的結局。這就是人類大腦會做的事：試圖創造一個嶄新、快樂、不會留下創傷的結局。即使身體的疼痛已然痊癒，但他依舊難以入眠。

在受傷之前，雅各已經練習冥想多年，但一開始，檢視和關注身體讓他內在的焦慮與羞恥不減反增，因此他決定改變策略，開始懷抱感恩的心，從沒受傷的部位開始進行身體掃描，再好好覺察並觀照當初受傷的地方——但他是按照自己的步調練習放鬆身體，如果太放鬆反而會讓他產生不安全感。

接著，他逐漸找到能讓身體放鬆的方法，並能用更舒適自在的方式再次安居在自己的身體裡。終於，他內心的傷口慢慢癒合，也能睡得著了。他以極低劑量的嗎啡藥物來恢復健康，而這些藥物在他年輕時曾差點毀了他的人生。

有些人剛接觸傳統的正念身體掃描時會出現負面情緒反應，但偏動態的漸進式肌肉放鬆練習則有平靜、舒緩的效果。一旦你有能力控制放鬆程度，「放鬆」這個概念就不會那麼可怕了。

以下是我多年前從一位同事那裡學到的放鬆練習。對於睡眠而言，身體感到舒適和放鬆，其實是在向神經系統發出訊號，暗示我們是很安全的。

練習5

CALM平靜練習——身體掃描法

這項練習可以根據個人時間、注意力持續時長，以及最重要的——你的耐受範圍來調整，而且步驟很簡單，就是名稱裡字首的英文縮寫「CALM」，依序代表胸部（Chest）、手臂（Arms）、腿部（Legs）和嘴巴（Mouth）。

當我們專注並放鬆身體時，就能聽見身體發出的情緒訊號，進而主動應對，而非被動地做出反應。我們會感覺更舒服，並與自己的身體更加和諧，同時歡迎並感謝那些感覺。不僅如此，當你逐一放鬆身體各部位後，生理上就幾乎不可能感到壓力、焦慮、憤怒或其他負面情緒。透過練習，我們可以開始關注與善待身體，與它建立友好關係。

練習前，先將身體調整到你覺得舒服的姿勢，然後閉上眼睛。做幾次深呼吸，並隨著吐氣逐漸讓身體放鬆。

● **胸部：**

1. 在幾次呼吸後，將注意力集中在胸部和軀幹。先觀察胸部，想像將胸腔打開，讓肺部和腹部有足夠的空間得以完全擴展。
2. 接著，注意胸口的任何感覺，抱著好奇心探究這些感覺所要傳達的訊息。你的呼吸是淺短而急促，抑或緩慢而平穩？心跳是快是慢？胸口是否有壓力或緊繃的感覺？感覺到的是溫暖還是涼意？這些訊號可能代表什麼？
3. 吸氣，讓胸部和軀幹的所有肌肉繃緊。維持這個狀態並數到三，感受那種緊繃的感覺。
4. 最後，放鬆肌肉。在接下來幾次呼吸中，讓緊張感如潮水退去，讓放鬆感流入體內，並向胸部所有器官表達謝意，感謝它們維持你的生命。

● **手臂：**

1. 現在，將注意力轉向手臂，範圍從肩膀往下延伸至指尖。
2. 讓肩膀放鬆，手臂自然垂放於身體兩側，也可以放在大腿上。現在，將注意力從手部往上移動，穿過前臂、上臂，最後來到肩膀。

感覺你的手是在顫抖還是靜止的？如果在抖，你可以讓它們平靜下來嗎？是否緊握雙拳？如果是，釋放那股緊繃感。你的手有出汗或感覺濕黏嗎？是溫熱還是冰涼？

3. 接著，將注意力往上移至手臂和肩膀，這兩個部位通常承受了很多情緒和壓力。持續留意臂膀的感覺，看看能否從中找到與自身情緒或神經系統狀態有關的線索。
4. 雙手握拳，讓手臂到肩膀的肌肉緊繃，維持這個姿勢呼吸三次，感受那股緊繃。然後釋放身體和情緒上的緊張感，讓手臂完全放鬆。
5. 最後，再做三次呼吸，好好享受流入手臂的放鬆感，同時感謝雙手為自己所做的一切。

- **腿部：**

1. 在下一次呼吸時，將注意力轉移至腿部，範圍從臀部往下直到腳趾，好好覺察呼吸流過大腿、小腿和腳部的感覺。

有時壓力會導致腿部肌肉出現抖動或緊繃。如果有這種情況，就順其自然，並觀察這種感覺，直到它們平靜下來。

2. 接著，從腳部開始輕輕出力，收縮肌肉，讓緊繃感往上蔓延到雙腿和腰部附近，維持這個狀態呼吸三次。注意這些部位的感覺，然後放鬆。

3. 再呼吸三次，感受緊張從腿部流出，並感謝雙腳為你付出的一切。

- **嘴巴：**

1. 將注意力轉移到嘴巴和下顎。很多人在面對情緒壓力時，會不自覺咬緊這些部位的肌肉。

你的嘴巴對內心和外在傳達出什麼樣的訊息？它在表達壓力、焦慮還是憤怒？注意嘴部與下顎的感受，並將這種覺察擴展到頭部和頸部的其他部位。

2. 最後，咬緊牙關，繃緊下顎及嘴巴周圍的肌肉，維持這個狀態呼吸三次，然後放鬆。

當你釋放緊繃感時，可以讓嘴巴自然微微上揚。一行禪師提醒我們：「有時，你會感到快樂是因為你微笑；但有時，微笑也可以成為你喜悅的源泉。」研究結果也印證了這點。花些時間好好享受放鬆和微笑的感覺；一旦你感到更安全，就可以讓自己進入夢鄉。

CALM平靜練習不一定要在睡前進行。事實上，你可以思考自己身體有哪些部位容易儲存哪些情緒，然後調整身體姿勢，或將呼吸帶入那些部位，在完成練習之前先幫自己釋放壓力。記住，你隨時都能傾聽身體的聲音，並回應它的需求。

要想於生活中感到更舒適自在，我們可以從善待自己的身體、進行深呼吸，讓身體充滿能量開始。無論是在活動還是靜止狀態——甚至在想像中——我們都可以藉由改變身體姿勢來改變心情。我們可以練習主動照顧和關懷自己，養成規律運動和均衡飲食的習慣，讓大腦和身體好好休息，獲得深度療癒，進而從創傷中復原。

第三章

打造有韌性的大腦

01

重新設定大腦的隱形警鈴

我年輕時住的公寓裡有個偵煙探測器，每次吐司烤焦，或洗完熱水澡，蒸氣從浴室逸散出來時，都會觸發警報。我和室友總是會驚慌失措地趕緊跳起來，匆匆跑去關掉探測器（通常是直接拿掉電池）。

長期處於警戒狀態，會讓杏仁核超載

對創傷後壓力症候群與焦慮症患者而言，他們的腦袋裡就像裝了一個這樣的警報器。某種意義上來說，他們的確是有的。過度活躍的杏仁核就像在大腦裡裝了一個偵煙探測器，每次烤吐司都會讓警鈴大作。遇到這種情況時，你的狀態和表現能有多好？應該不太好吧！

杏仁核活躍度上升時，會導致皮質醇、腎上腺素與睪固酮激增。這些激素的共同作用，會讓人產生攻擊性，缺乏同理心。如果你想活下來，就不會去思考在身後緊追不捨的那隻獅子有多可愛、毛髮有多蓬鬆柔軟，也不會放慢腳步，好奇牠有沒有可能只是想抱抱你！原始的邊緣系統（limbic system，即大腦的警報系統）一旦趨於活躍，血液就會湧向杏仁核，因而減少流向我們更進化的大腦皮質區的血液，包括前額葉皮質。

前額葉皮質負責調節情緒、控制衝動、運用批判性思考與制定長期計畫。如果警報持續夠久，大腦就會重新自我校準，以因應長期需求。長時間處於壓力狀態可能會讓人難以完成如做決定、組織事情和執行計畫等日常任務，又或是出現類似注意力不足過動症的徵狀。

一旦最出色、演化程度最高的腦區無法正常運作時，我們就沒辦法冷靜理性地思考或集中注意力，也很難像我對我們家六歲小朋友說的那樣：「做出明智的選擇。」大腦中負責掌管思考與決策的區域會離線，只能做出即時、衝動的決定以應付短期生存所需。我們甚至可能會聽見如耳鳴等不同頻率的聲音；我們的瞳孔會放大，感知到不同的顏色和形狀；對氣味和味道也可能變得更敏感，且往往將其解讀成危險訊號。

除此之外，我們看待中性的刺激，比如人或紙張上的墨水漬等，會看到無處不在的威脅與創傷，這種現象稱為過度警覺。縱使身處安全的環境——有時尤其是在安全的環境——腦中也會突然閃過侵入性思維[1]，讓我們湧起一股衝動想憤怒抵抗、驚惶而逃、癱軟倒地，或是麻木逃避，想躲起來。

這就是大腦生存機制在「戰、逃、僵、棄」四種壓力反應下所顯露的黑暗面。

校正回歸，大腦不再隨時拉警報

不過請記住，除了戰／逃／焦慮和僵／棄／憂鬱的反應外，「關懷與善待」也能改變我們的大腦。

科學研究顯示，練習正念自我疼惜時，杏仁核不僅會變小，活躍度也會下降。這種方式不像拔掉探測器的電池，而是重新調整、校準裝置，讓警報在「真的有危險」

而非「感知到危險」時響起。

我們可以利用正念、慈悲與正向心理學，訓練大腦回到身心容納之窗，同時擴大這個窗口。透過這些方法，能讓我們不單只是生存，更能邁向成長。

本章分享的練習方法，不僅能活化並強化重要腦區中的連結，還能實際縮小並降低大腦警報系統的活躍程度。警報仍舊會響，但只有在真正失火時才會觸發，不會光有幾縷煙霧就叫個不停。

透過這些練習，你能改善注意力、決斷力、批判性思考、規劃未來，以及調節情緒的能力，並且真正主動應對這個世界，而非被動做出反應。你將能夠自我監控、獲得洞察力、具有同理心、理解他人的想法，而不是設想最壞的情況。另外，你也會提升大腦整合記憶信息的能力，這是走出創傷陰影的關鍵。

不過，我猜你會想知道有哪些關掉火災警報的方式——或者至少讓它聲音變小。以下就是其中一種練習法。

1 intrusive thoughts，指突然出現並引起負面感受、不受個人意識控制的想法和意念，內容往往令人擔憂、困擾或怪誕。

練習6

讓大腦靜下來

當你發現自己的神經系統正在加速運轉時，可以試試以下簡單的感知覺察練習來幫助穩定情緒：

- 數一數房間裡有多少個角落。
- 注意周遭所有綠色（或任何一種顏色）的東西。
- 觀察周遭事物的形狀，以及在它們之間的空間。
- 縱使身在熟悉的地方，也請環顧四周，看看能不能發現一些新的東西、有什麼地方跟之前不一樣，或過去你從未注意到的事物。
- 運用多重迷走神經專家黛比・達納（Deb Dana）分享的小技巧。在你所在的空間創造具有安定作用的「錨點」，例如顏色、物品、藝術品等，只要是能給予神經系統暗示，讓它感到安全的東西都行。

02 用言語安撫內心，即是正念

正念練習在生理層面可以使我們平靜，但它的意義不僅是放鬆。在正念冥想中，我們要「為自己的情緒命名」，好讓演化程度較高的大腦皮質趨於活躍。

我們告訴孩子，生氣時「要講出來」是有原因的。神經科學家在腦功能影像實驗中即時觀察到，在身體和情緒體驗浮現時為之命名，可以活化前額葉皮質，讓邊緣系統平靜下來。精神科醫師丹尼爾・席格將這個現象稱為「為情緒命名以緩解情緒」（Name It to Tame It）。

當心理師說「你看起來很難過」這類老套的話時，其實是在幫助你為自己的情緒命名，並確認它們的存在，直到你有辦法自行釐清這些情緒狀態。那麼，為什麼我們要替情緒命名呢？原因在於，當你將情緒命名的時候，等於將「情緒感受」轉換成

「語言思考」，這個時候你就會轉換到「理性」的領域。也就是你會開始冷靜下來，突然竄起的情緒會逐漸沉澱，你也會變得比較平靜，不會被非理性的情緒所控制。

情緒來的時候，問自己「感受到什麼情緒」，是透過自學就可習得的能力。對此，我的同事、來自溫哥華的正念教師布萊恩・卡拉漢（Brian Callahan），他做了很好的詮釋。我將他的方法改編成以下練習，希望能讓你知道如何開始關注自身的想法和情緒。

練習7 正念四R心法

這個練習能讓我們了解正念是如何影響大腦，我們又該怎麼做才能將正念融入生活中的各個方面。你可以把這四個心法當成鍛鍊大腦一樣定期練習，也可以隨興進行，想做就做。

一、安放（Rest）

首先，找個地方安放你的注意力。我比較喜歡「安放」這個詞，因為這項練習不該讓人覺得好像很辛苦、很費力。

想想船錨吧，它可以毫不費力地將船固定在停泊的位置，同時也能允許船隻微微漂移。

你可以用呼吸或身體作為定錨，但如果覺得這些方式都太難，可以試著將注意力定錨於外在事物，例如專注於聲響、氣味、眼前的圖片、腦中的影像，或身體外緣（例如皮膚與空氣接觸的感覺），而非身體更深層處（例如身體內部的器官或感覺）。

二、辨識（Recognize）

無論你的定錨是多有趣還是很無聊，你的思緒一定很快就會游移。這時，只要承認思緒遊蕩的事實，並為腦中的想法命名就好，例如想到「我的財務狀況很糟」、「我為媽媽感到難過」或「又是那件工作上的煩心事」。事實上，這才是正念的時刻：不是阻止思緒飄移，而是你意識到自己已經分心。

每當你辨識到思緒游移的方向，了解自己的思維模式，就是展現洞察力的時刻。正念並不是要你的思緒完全靜止或是腦袋淨空，事實上，每一次思緒飄走，即使飄了一千次，它也不過是一千次練習正念的機會，或是一千次洞察自己的機會，能幫助你更熟練應對各種情況。練習越多次，就越能看見自己的思緒（和身體）在不同情況下的表現。

每次釐清思緒的去向，並為其取名，能讓邊緣系統平靜下來，將血流從杏仁核與腦內警報系統引導至大腦皮質，強化掌管自我調節的腦區，做到真正的「為情緒命名以緩解情緒」。

三、返回（Return）

一旦注意到自己想東想西時，就溫柔地引領注意力返回定錨。這麼做能使前額葉皮質（即負責管控注意力的腦區）功能提升，產生新的神經連結，達到鍛鍊心理肌肉的效果。

每當你帶著善意與慈悲心將飄走的注意力拉回，就如以關愛和引導的方式對待迷路孩童或小狗一樣，是在練習自我疼惜的能力。如果我們能在「冥想中一時恍神」這樣的小事上原諒自己，就有辦法在更艱困的情況下學會原諒與善待自己，不斷增強自我疼惜的肌肉。

四、重複（Repeat）

你的思緒會不斷飄移，這是肯定的。所以，我們只須從頭開始練習，再次進入正念四R循環——抓住新的練習契機，在每一刻的當下重新開始。

花五分鐘、三十分鐘，不管多少時間都行，將注意力安放在呼吸、聲音、感覺或任何一個你選擇的定錨上，並於思緒遊蕩和返回定錨時辨識自己的內心狀態。

建議從少量練習開始，有個讓你感到安心的人陪伴在側更好。如果過程中覺得不舒服，就停下來休息一下，準備好後再繼續練習。

你可以將安放、辨識、返回這套心法融入日常生活中，例如走路、吃飯、工作、聊天，帶著覺察與慈悲心做每一件事。

幾年前，我到阿根廷主持一系列工作坊，接待我的人，邀請一位叫卡麥隆的朋友，還有幾位美國朋友，一起前來參加其中一場研習（旅外人士小圈圈裡常有這樣的事）。會後，我們幾個美國人一起吃晚餐，一邊聊天，一邊大啖阿根廷燒烤。席間討論到自我疼惜練習時，卡麥隆爆出自己不為人知的故事，告訴大家他為什麼移居到阿根廷。

只見他呼吸急促，身體開始顫抖，幾近抽搐。「我從來沒跟你們講過這件事，」他突然說道，「我會搬來這裡，是因為我爸殺了我媽，然後自殺了。我離開密西根，改名換姓，想離得越遠越好。」

卡麥隆就跟我遇到的許多旅外人士一樣，試圖逃避某些事。儘管他的家族財力雄厚、出身優越，但這個家庭慘劇還是從他所在的中西部小社區傳出去，登上新聞版面。雖然卡麥隆離開了熟悉的老家、國家、其他家人，甚至捨棄了原本的名字，但創傷依舊如影隨形。

第二天我們相約喝咖啡，從那之後便斷斷續續地保持聯絡。他發現正念四R練習能讓他更專注於當下。「我的思緒總是不由自主回到得知消息的那天。」他說，「老實說，大概一輩子都會這樣了。不過練習正念四R時，我可以把那些念頭暫放一旁。雖然它們還是會回來，也一定會回來，但我越來越清楚它們會在什麼時候、在哪裡出現，也不再像以前那樣覺得被壓到喘不過氣來了。」

03 用身體駕馭大腦

在以「大腦」為主題的章節中，再回頭談「身體」好像有點奇怪。但事實是，由大腦控制的神經系統與神經末梢遍布全身。換言之，人體本身就是一套預警系統。多重迷走神經理論將這個概念稱為「神經覺」（neuroception），認為身體會在潛意識中感知到我們的情緒。

看看以下這些形容：「我渾身起雞皮疙瘩」、「我腿軟了」、「我的胃在翻攪」、「我的心撲通狂跳」等。或是其他更具體的說法，例如：「我心知肚明」或「我有種直覺[2]」。進一步探究，會發現迷走神經延伸到那些與情緒相關的身體部位，並將這些訊息傳送回大腦作為預警。

我人生最深刻的經歷之一，發生在我二十多歲的時候。當時一個朋友偷偷帶我溜進當地醫學院的大體解剖實驗室。起先我怕得要命，覺得很噁心，不過慢慢地，那些感受逐漸化為驚嘆和著迷。眼前的人體既是一團團杳無生氣的肉，同時也是我這輩子見過最複雜、最奧妙的系統。我對生命的短暫和脆弱有了全新的認識，這徹底改變了我的人生觀。我感到敬畏，同時也產生想幫助別人，並帶來有意義影響的急迫感。

沒多久，「人體奧妙巡迴展」（Body Worlds）到我的城市展出。我很清楚記得其中一件展品，展示了我們的神經系統，細膩複雜的血紅色線條遍布全身。在這之前，我總覺得「身心連結」是種虛無縹緲的說法，但當我看著那張發著紅光的神經地圖時，我發現這不僅在我們的顱骨裡，還延伸至整個人體，在肺部、心臟與腸道周圍的神經分布更是密集。那一刻，我整個人大驚。

大腦存在於身體之中，也與身體密不可分，從感官知覺，到生理反應，甚至情緒反應和行為，無一例外。人體擁有遠超過物理層面的保護機制。

---

2 gut feeling，字面意為「腸胃的感覺」。

讓聲音成為警戒系統的開關

幾年前，一位名叫湯瑪斯的年輕男子來找我。他來自東非，當時他正在哈佛大學甘迺迪政府學院攻讀公共政策碩士學位，該研究所常被認為是菁英薈萃之地，也是培育未來世界領導者的搖籃。

湯瑪斯進研究所前曾在全球各地從事國際救援工作多年，一次海外經歷讓他留下了深深的心理創傷。

那時他在一家人氣餐廳觀看足球賽，突然一枚炸彈引爆，整間餐廳被炸得面目全非。湯瑪斯在濃煙中匍匐逃生，爬過斷肢殘臂，倉皇逃往安全的地方。許多客人流著血大聲呼救，痛苦的呼救聲不絕於耳。

從那一刻起，有幾件事如鬼魂般一直纏著他不放。一是揮之不去的倖存者內疚感；二是過度警覺的高敏感反應。夜晚房子裡傳出輕微的嘎吱聲、派對上有人關門的聲音，或是任何突如其來的噪音，都會讓他瞬間回到多年前「戰或逃」的反應。他得花上幾分鐘甚至好幾個小時，才能重新調整神經系統。這種情況開始讓他的女友感到害怕，覺得不安。

湯瑪斯對長時間的冥想練習不感興趣，更沒那個耐心，但我們討論了過度警覺對他造成的影響，還有一些自我調節的方法。在諮商室裡，我們專心聆聽五種聲音，利用有意識集中注意力的方式，將專注力從自動化的驚嚇反應中拉回，建立對警覺狀態的主動控制感。

除了在家自我練習外，湯瑪斯也會在面對挑戰或陌生的情況時使用這個技巧。他發現這麼做很有幫助，能讓他重新找回安穩，聚焦於當下。他跟我說：「博士，我現在好像能控制自己的反應了，我可以用這種聽聲練習來打開或關掉過度警覺狀態。它不會像之前一樣會隨時冒出來掌控一切，嚇到我和周圍的人。」

「關閉」過度警覺狀態看似簡單，實則不然。不過，正如我們神經系統的其他面向，如果我們練習就能啟動它們，自然也能練習運用身體內建的工具來降低它們的活躍度。

當然，除了聽覺外，我們還有另外四種感官，每一種感官就像投入思緒與情緒之池的石頭一樣，能激起陣陣漣漪。當我們留意這些感官時，會發現它們總是存在於當下，可以讓我們的心念安穩錨定在這一刻，不被拉向過去或未來。

練習8 聲音接地

以下是一些藉由聲音讓身心安回當下的方法：

- 出聲數數：與其做十次深呼吸，不如在起床時或其他空檔，試著數一數你聽到的十種聲音。
- 聲音聚焦：花點時間聆聽遠處的聲音，並留意一、兩種距離較遠的聲響。如果你在室內，就注意建築物附近的聲音。接著，再傾聽離你較近的聲音（例如椅子發出的嘎吱聲響）。最後，聚焦於身體的聲音，像是衣物摩擦時發出的聲響、你的呼吸聲、心跳或肚子裡的咕嚕聲響，甚至還可以聽聽看自己的想法是否也有聲音。
- 周遭的聲音：從左右上下前後等不同方向，分別數一下有多少聲音，並觀察聲音之間的寂靜和間隔。

04
活在當下，尋得安全感

儘管有數不清的書籍與迷因梗圖頌揚正念的美妙與好處，但我還是花了數年的時間練習，才真正體會到當下的力量和希望。

很多時候，我的思緒都會脫離當下，陷入焦慮或憂鬱的漩渦。典型的內心小劇場大概是這樣：「我會把這個個案搞砸，他們再也不會來找我諮商，他們會告訴大家我是個超爛的心理師，然後我會破產，我老婆會離開我，我大概會孤零零地在橋下死去，沒有人會來參加我的葬禮。」

然而，當我練習活在當下時，我意識到自己雖然身處此時此刻，依舊可以為未來做好準備，例如花時間擬定與人的合作計畫等，而不是設想各式各樣的可怕情境，讓自己深陷其中難以自拔。

未來通常是焦慮的根源。想想看：大多數我們用來嚇自己的恐怖故事，都是關於尚未發生，甚至可能永遠不會發生的事。或者，我們會被拉回過去，再次體驗那些可怕的瞬間，重新審視至今仍感到羞恥的事。正如被誤傳是馬克・吐溫所說的那句話：「我一生中有過很多煩惱，但大部分都沒發生過。」

另外還有一句很棒的名言，則常被認為出自老子之口，但其實完全不是：「如果你感到憂鬱，表示你活在過去；如果你感到焦慮，說明你活在未來；如果你平靜泰然，表示你活在當下。」我不曉得這句話是誰說的，但確實有些道理。

研究發現，大約有百分之四十八的時間，我們的思緒會在過去和未來之間不斷徘徊。這個比例高到我應該再強調一次，因為大概有一半的讀者會目光呆滯地掃過那行字。沒錯，有將近整整二分之一的時間，我們的思緒會四處遊蕩，又或是花時間不斷與別人比較。大家都知道，這麼做往往不會有什麼好結果。

然而，只要將注意力集中於感官，我們就能立即將自己拉回當下，重新穩定下來。該研究還發現，越專注當下，我們就會越快樂。

練習9 SEAT正念靜坐練習

我們可以藉由察覺情緒、感官、想要採取的行動和想法，學習更有效地控制焦慮，教會自己活在當下。我稱這套方法為「SEAT正念靜坐練習」（Taking a Mindful SEAT）。

首先，找到舒服的姿勢，做幾次深呼吸，讓眼皮放鬆，也可以閉上眼睛。接著開始檢視自己的內在狀態。

S：感官（Senses）與感覺（Sensations）

- 先觀察你的感官，從聽覺開始。你聽到了什麼聲音？例如遠處的聲音、附近的聲音、自己的呼吸聲，甚至體內的聲音，像是心跳聲等。
- 呼吸時，你可能會注意到空氣中的味道，像是食物的香氣、新鮮空氣、好聞或難聞的氣味。在舌尖上，你可能會察覺有些殘留的味道，也可能那只是空氣的氣味。

- 無論你的眼睛是睜是閉，都請留意你視野裡的事物，包括形狀、陰影和色彩，以及它們之間的空隙。
- 最後，將注意力轉向身體的感覺，從身體邊緣開始觀察。留意背部和雙腿靠在椅背及椅座的觸感，空氣接觸皮膚的溫度，還有衣物的質地。

如果覺得自在，可以進一步探索身體更深層的感覺，專注那些讓你得以安定於當下的感覺，帶你進入腹側迷走神經狀態的身心容納之窗。

E：情緒（Emotions）

現在，將注意力轉向情緒，觀察它們浮現、消失，也可能它們是由某些感覺所引發的。此刻你有什麼情緒？是喜悅或悲傷？焦慮或如釋重負？憤怒或平靜？無聊或好奇，還是其他感覺呢？

把這些情緒當成訪客，它們稍後就會離開了，你只要從旁觀察。為它們命名，並觀察它們如何在你身體和內心出現與消失。

A：行動（Actions）

在覺察感官和情緒後，你是否出現任何想採取行動的衝動或欲望嗎？你想不想舒展筋骨？吃東西？揍什麼東西一拳？還是想創造或破壞什麼？

單純觀察存在身體和內心的衝動即可，它們同樣也會消失。

T：想法（Thoughts）

最後，此時此刻，你浮現了哪些思緒與想法？是對自我或世界的批判？正在擬定的計畫？

如果你發現自己分心了，只要輕輕將它拉回當下即可。

以上的練習，舉例如下。

- 感覺／感知：看到收件匣裡有主管寄來的信，我緊張得心跳加速。
- 情緒：我怕他是要罵我，甚至開除我！
- 行動：我想躲起來，關掉信箱，然後跑出房間。

想法：一定是我哪裡有問題……還是我反應過度？

試著在一天中不同的時間，無論是感覺輕鬆或困難的時刻，進行SEAT正念靜坐練習，深入了解自己的內心、身體和觸發點。你也可以針對過去某件事情的感覺、情緒、想採取的行動和想法寫下來，看看能否產生新的觀點。

一旦我們辨識出感受即感受，情緒即情緒，思緒與行動也僅僅是它們本身，我們便能賦予自己掌控力，採取更健康的選擇：可能是有益健康的選擇（例如運動）、自我疼惜練習，也或許是關係上的選擇（例如與朋友保持聯繫），或是學習其他有助於放鬆與調節身心的技巧，以回到安全與良好的狀態。

當我們放慢步調時，幾乎立刻就能觀察到情緒反應會先出現在身體中。然後，我們可以給予自己關懷與疼惜，對我們遇到的事情做出不同的回應。

練習10 不要相信你所認為的一切

市面上有一款保險桿貼紙印著「別對你的念頭照單全收」。雖然我理論上舉雙手贊同這句話，但說來容易做來難。

不過，接納與承諾療法（Acceptance and Commitment Therapy）專家史蒂芬・海斯（Steven Hayes）提出了一個心理小撇步，建議大家可以為內心自我批判的聲音列出「十大熱門精選」，然後在每句話前面加上「我在想……」。

如同本書介紹的大多數方法和練習，我鼓勵你先從小小的批評開始，以免一下子給自己太多壓力。舉例如下。

- 我在想……
「我永遠無法從這次的傷害中走出來。」
- 我在想……
「我永遠無法恢復健康，也快樂不起來了。」

- 我在想……
「我這輩子再也不會談戀愛了。」
- 我在想……
「我會成為糟糕的父母，毀了我的孩子。」
- 我在想……
「我永遠無法好好睡一覺。」

這個練習能幫助我們體認到，我們的想法並不代表就是我們；內在自我批判的聲音不一定是正確的。有了這樣的認知，我們就能開始培養更具同理心的內在聲音，繼而感到自己值得擁有更溫暖、更深層的人際關係。

05 感恩，是從創傷裂縫透進的光

「感恩」一詞如今被貼上許多負面標籤，「尋找一線希望」很容易被歸類為是具「有毒的正能量」（toxic positivity）的想法。

的確，強迫自己快樂，或是將悲劇硬套上幸福快樂的結局，這樣完全沒有幫助，反而可能讓我們因為羞恥感而自責。不過，生而為人，我認為我們有能力同時承納佛教所謂「人生的萬般悲喜」。或者該說，我認為我們必須做到。

有效對抗消極偏見

我在序言開宗明義地說，創傷後壓力症候群與創傷後成長並不衝突，兩者可以、也的確會同時發生。苦難與感恩亦如是。

別誤會，這篇文章並不是要告訴你如何從創傷經歷中硬擠出感恩，而是想鼓勵你在每天或每週的生活中，一點一滴逐漸找到值得感恩的事。

感恩能打破大腦將一切視為危險與威脅的習慣。當我們練習感恩時，大腦乃至整個身體都會發生不可思議的正向改變。此外，感恩還可緩解焦慮和憂鬱，改善身體健康及生活滿意度，減少攻擊性、讓人變得更善良，同時提升睡眠品質，幫助你睡好睡滿。這些都對你的復原與成長大有幫助。

壓力、創傷、焦慮和憂鬱會讓我們原本的消極偏見變得更嚴重，開始覺得所有人事物看來都像是威脅：老闆很快就會炒我魷魚、太太會拋棄我、交友軟體上那個人看起來很糟糕……我們以為這些念頭是通往安全的捷徑，事實上，這種做法會讓人更焦慮、更憂鬱，甚或以新的方式加劇過往創傷或成癮行為。

不過在現代世界，光是知道自己有消極偏見就能賦予我們力量，能幫助你像保險桿貼紙建議的那樣，別對你的念頭照單全收。感恩，能幫助我們重新找回平衡。

換個視角，心情也會跟著改變

有位在野火中失去房子及大部分家當的案主告訴我：「感恩不是戴上玫瑰色眼鏡，只看到事物美好的一面，而像是摘下沾滿屎的眼鏡。」我的朋友克里斯多夫・葛莫（Chris Germer）形容感恩是一種智慧練習，能幫助我們看得更清楚，甚至還能激發創造力，讓我們發現原先忽略的成長機會。感恩並不是假裝困難不存在，而是學會在散步時欣賞陽光和樹木，同時也要留意腳下可能踩到的狗屎。

那我們要怎麼練習感恩呢？以下分享一些小技巧。第一是延伸視覺化，靈感來自我的朋友瑞克・韓森（Rick Hanson）發想出來的練習——「感受美好」。

練習11 感受美好

花點時間讓身心安定下來，比如利用深呼吸，或是以任何適合自己的方式感受當下。

現在，回顧一下今天的時光。有哪些美好的時刻？哪些小小的成功？哪些愉快的瞬間？這些美好可以是很小的事物，例如一杯香醇的咖啡、一張舒適的沙發、朋友傳來的有趣訊息等。想一想，還有誰在場，情境又是如何？花點時間在腦海中描繪出當時的畫面，甚或回想當時的聲音、氣味及其他感官經驗。除了事實外，也感受那份美好的感受和體驗。

好好沉浸在腦中的影像裡，同時留意身體的反應，感受隨之而來的各種感覺，而不僅是留意思緒。品味這些畫面的時候，大腦會釋放多巴胺（一種與「獎勵」有關的神經傳導介質）和催產素。你的嘴角可能會自然上揚，浮現淡淡的微笑。但即使沒有，也不必刻意為之，硬擠出笑容。

繼續將注意力集中在感覺上，同時抬起眼睛，重新關注周遭環境。

練習結束後，你可以花點時間思考這次的體驗，用書寫、塗鴉或其他方式表達你的感受。

藉由主動練習，我們會打破消極偏見自動運行的模式，引導自己轉向積極的狀態。就跟想起壓力事件會引發身體反應一樣，回想正面經驗也會引發身體反應，只是後者須經由練習來養成和記錄。

研究顯示，負面經驗只消短短幾秒就會融入我們的世界觀，但正面經驗則需要一、兩分鐘才能走完該程序。這就是為什麼我們要進行長時間的視覺化練習，並將自己的體驗記錄下來。

列出感恩清單，發現微幸福

另外，分享內心的感恩之情也有助於更進一步延續這樣的感受。你可以傳訊息跟朋友聊聊生活中的小確幸，或是感謝他們成為你人生中的美好。透過分享，幸福與感恩也會跟著放大。

我們很容易把注意力放在負面的事物上，而感恩團體或傳遞感恩的行為能幫助我們聚焦於正面、積極的事。我加入了一個社群平台，朋友們每週會分享一些訊息，彼此鼓勵，或提醒大家注意一些值得感恩的事，像是「哇！今天的綠樹真美。」我中學時代認識的死黨蓋伯曾在講座上談到，他和一位朋友多年來互傳了一萬五千則感恩訊息。

除了在感恩節外，平常家庭聚會時也能聊聊生活中值得感謝的大小事，讓感恩變成一種日常或年度的儀式。當然，我們還可以對想感激的人表達謝意，下一章會詳細討論這一點。

當前的文化氛圍充滿強烈的二元對立色彩，彷彿一切世事非黑即白，不是全好，就是全壞。創傷也會讓大腦陷入這樣的模式。冥想導師與教練潔西卡・莫瑞（Jessica Morey）提醒我們要不時自問：「還有什麼呢？」（AWE，And What Else的縮寫）也許當下的情緒令人倍感煎熬，但你隨時都能問問自己，此刻除了痛苦之外，「**還有什麼呢？**」

深陷創傷或有過創傷經驗的人，往往認為周遭危機四伏，容易放大負面偏見，將所有能量和精力用於求生。你可能總是在留意出口的位置、確保自己知道鑰匙和手機放在哪裡，或離你最近的警察局在哪裡——無論是為了找到它還是避開它。我的朋友兼心理師琳達・格拉翰（Linda Graham）認為，就像用吃藥來「戰勝疼痛」一樣，我們也可以透過感恩練習來戰勝痛苦，它能讓你在偵測可能的危險之餘，同時也注意到美好的事物，準確尋得安全訊號。這樣的主動練習會逐漸演變為潛意識的習慣，幫助我們療癒身心。

如果你在人生的路上卡關，不妨試著列出感恩的人、事、地、物，或是挑戰一下自我，想想自己擁有哪些優點和令人喜愛的特質。若你感恩的對象是某個人，那就主動聯絡對方致謝，這麼做有助於改善心情。現在就試試吧：感謝那個讓你有時間或金錢閱讀這本書的人，然後注意自己在表達感恩過程前後的感受有何不同。

以我個人來說，當我知道在一天結束之際要列出感恩清單時，我就開始留意周遭那些美好的事物。此時大腦會進入所謂的「認知啟動」（cognitive priming）狀態，如魔鬼氈般不由自主地蒐集正面訊息，進而使人心情轉好，以更積極的眼光看待一切。有點像秋天在整理換季衣物時，突然在冬季外套口袋裡發現一張二十元美鈔，那張鈔票其實整個春夏都在那裡——始終屬你所有——但在你發現它的那瞬間，你還是會感到興奮。

從創傷走向療癒

我想回到湯瑪斯的故事，談談最後一種特別有挑戰性的感恩練習。

湯瑪斯在爆炸事件中幸運生還，神經系統也恢復穩定，但接下來很長一段時間，他一直飽受罪惡感折磨。他問我，也問自己：「為什麼我只顧著逃跑？」「為什麼我沒有停下來幫助餐館裡的陌生人，甚或是朋友？」許多年過去了，他仍努力想擺脫倖存者的內疚感，以及對自己事發當時做出逃跑反應的罪惡感。「怎麼會有人丟下還躺在那裡流血的傷者，只顧著自己逃跑？」他抱著頭，不斷地痛苦自責。

對湯瑪斯來說，首先需要處理的傷痛是創傷本身，其次是自責、羞愧感和倖存者內疚。他經歷到的是心理學家所謂的「道德傷害」（moral injury），當我們做出、或被迫去做違背自身價值觀的事情時，就會出現這種情況。道德傷害常見於退伍軍人與其他創傷或家暴倖存者。

我試著向他解釋，遇到危機時出現的「戰或逃」的反應，深深刻在我們的基因裡，且通常無法控制。雖說「關注與善待」也是人類與生俱來的本能，但需要一點時間練習和培養。湯瑪斯在晤談過程中始終帶著懷疑又不失禮貌的態度，看得出來他不是很相信我的說法。當他自暴自棄地認為自己會這樣丟下其他人，肯定是心理變態時，我反問他：「一個心理變態會因為某件事而內疚這麼多年嗎？」

在自我疼惜練習的輔助下，湯瑪斯開始學著欣賞與感謝自己的優點，固著於內心的自責與罪惡感也慢慢鬆解，逐漸出現裂縫。

我請他列出喜歡自己的地方及自認的優點。這個練習對他來說並不容易，但當他以他人及外界的角度來看待自己時，這讓他能開始欣賞自身的長處。與此同時，他也從宗教信仰中汲取力量，思考上帝可能賦予他哪些優點。

「我是個很好的朋友——非常忠誠。」湯瑪斯說道。

「還有呢？」我鼓勵他繼續說。

「我很聰明，至少別人認為我夠聰明，才能來美國念書。」

「不管怎樣，這都是你可以運用的天賦和才能。」我回答。「身為你的心理師，我也真的覺得你很聰明。」

「好喔……」他說，「不過我得承認，自己誇自己的感覺超怪的。」

探索自身優點可能會讓人有種奇怪、不習慣，甚至自戀的感覺，這端視個人成長背景與接收到的文化訊息而定。對習慣自責自貶的人而言，肯定自己的優點格外困難，有時還會令人感到不舒服、不自在。如果你有辦法忍受這種不適，請接納它，承認內心的疑慮，並請這些念頭退到一旁。畢竟，多看自己的優點，應該不會比老抓著自己的缺點不放還奇怪吧？

然而，這麼做也許會帶來一種矛盾的兩難困境。以湯瑪斯為例，每當他感覺不錯時，倖存者內疚感就會悄悄浮上心頭，讓他變得很難受、過意不去，但他已經習慣——或至少熟悉——這股罪惡感的存在。不過，隨著一點一滴的努力和練習，這種情況會開始有所改變。

我鼓勵湯瑪斯——也鼓勵你——列出自己的優點和長處，思考一下在這個過程中的尷尬和喜悅。如果覺得這個練習很難，可以請至親好友幫忙，和你一起完成。

最後，湯瑪斯列出了一張很棒的清單，其中包含聰明、勤奮，以及對家人朋友非常忠誠。這些特質都為他寫下的最後一項優點、同時也是他的志業提供了有力的支持——他對他人的關懷與奉獻；他想回家，讓祖國變得更美好、更強大。

湯瑪斯比我更早意識到，他的療癒過程與他希望帶回祖國的療癒相呼應：他的國家在後殖民時代因內戰變得四分五裂，他希望他的家園能夠像他一樣，從創傷走向療癒。更重要的是，這項工作對他來說意義非凡，本身就充滿療癒的力量。正是因為找到了意義，他才得以超越創傷，踏上成長之路。

就像湯瑪斯一樣，你的大腦可能會編造各式各樣的故事，告訴你本來可以有何不同，或是你原本應該做什麼、說什麼才對。我們也往往會對自己懷抱負面偏誤[3]。而最糟糕的是，這種負面偏誤會告訴你一些「你本可以做得更好」的故事，說你大可做出別的選擇、採取其他行動。我想強調的是，這種反應很自然也很常見，只是幫助不大。事實上，有時這種自責的聲音會得到來自社會各種聲音的附和。

「忽略那個聲音」，這件事說起來容易，但你我都知道，做起來可難了。學會聆聽其他的聲音，無論是內在或外在，並練習自我疼惜，或許是培養與人連結和關懷他人能力更有效的策略。

3 Negativity bias, 指人們比較容易回想消極而非積極的回憶。

練習12 感謝自己的優點

拿出紙筆，想想自己的優點，例如那些曾幫助你走過困難時期的特質等。如果練習的效果不錯，可以改從外部視角切入，問問自己：「我的朋友或別人欣賞我哪些地方呢？」

另外，你也可以透過賓州大學的「強項量表」（Positive Strengths Inventory），網址：https://www.authentichappiness.sas.upenn.edu/，進一步剖析、了解自己。留意過程中的感受，是否出現任何抗拒的情緒，以及在練習中和練習後出現的變化。

06 照顧自己的身心

在經歷創傷的過程中，大腦功能會變得侷限，因為它要整天忙著提前預測危險，而忽略其他細節和全面的情緒處理。不過，進行正念等練習能活化整個大腦，讓我們以更全面、更清晰的思維來處理內在情緒和外界訊息，並專注於當下，真正地主動應對，而非被動做出反應。

隨著時間的進展，當我們選擇以新的方式回應挑戰時，就是在重塑大腦，逐漸創造出新的神經迴路，於邁向成長的同時能提升挫折復原力。

我們可以藉由之前提及的「SEAT正念靜坐」練習等方法讓自己放慢腳步，觀察情緒如何在體內浮現，也可以透過「正念四R心法」，以正式或非正式的練習方式，將自我拉回到當下。

感恩能幫助我們在壓力中看見希望，也能讓我們開始學著原諒自己。

現在，我想分享另一種技巧，讓你有能力即時回應自身需求，並在身心與人際關係之間找到平衡。

療傷，從規律的生活開始

二十歲出頭的時候，我的生活一團糟，日子非常難過，我想應該比大多數同齡人還要痛苦。我自己的創傷，再加上在混亂的環境中與性犯罪者一起從事低薪又累人的工作，嚴重影響到我的身心健康。

我依舊過著大學時代的生活方式，只是沒嗑藥而已。運動？算了吧。吃早餐和午餐？有必要嗎？（而且我這人摳得很）睡覺？我熬夜，睡到很晚才起床。後來有個參加「十二步驟」戒癮行為課程（Twelve-Step Program）的朋友建議我要開始關注自身的基本需求，或許能讓我的心情好一點，但我認為這個辦法太簡單又了無新意，不可能有用。

然而，當我開始像服藥一樣地按時吃飯、運動和睡覺後，我的心情和人生觀的確產生了極大的轉變。我並不是說調整這些生活方式就能解決所有問題，但這確實是個很重要的起點。

練習13 HALT停看聽

大腦、身體與人際關係很容易陷入失衡狀態。「HALT停看聽」這個簡單的技巧能讓你快速檢視自己的狀態，明白自己真正該關注哪些方面，以善待大腦和身體。

「HALT」是由四個字所組成的縮寫，代表你要覺察的基本需求，分別是：飢餓（Hungry）、憤怒／焦慮（Angry／Anxious）、孤獨（Lonely）和疲倦（Tired）。

我喜歡這個方法的原因在於它背後有著可靠紮實的科學根據。若不好好照顧基本生理與情緒需求，神經系統很可能會背叛我們。練習時，請逐一檢查下列的需求。

飢餓（Hungry）

前額葉皮質是主掌衝動控制、情緒調節、批判性思考與決策的腦區，而且非常消耗能量。熱量不足會導致這些重要的腦功能失靈。

請定期檢視身體發出的飢餓訊號，傾聽它在營養方面的渴望，而不只是情緒上的需求。

記住，不必每餐都要超級均衡、追求完美飲食，在練習自我疼惜的同時，也可以適度放縱與享樂。克己並非自我疼惜的表現。

此外，保持規律的飲食習慣能使生理時鐘趨於穩定，讓身體知道何時該進入睡覺狀態。

憤怒／焦慮（Angry／Anxious）

如果憤怒是一種「戰鬥反應」，焦慮是「逃避反應」，那麼感到憤怒和焦慮就表示我們正在運用邊緣系統（大腦與神經系統最原始的區域）。要知道，這些強烈的情緒會限制血液流向負責思考與邏輯推理的腦區，導致我們無法主動應對眼下的情況，而是被動地做出反應。

情緒激動時，不妨集中精神，慢慢做幾次深呼吸，以平息邊緣系統，並提升大腦皮質的活躍度，讓腦袋恢復冷靜，得以清楚思考。

你也可以在大腦或身體湧現強烈的情緒時，簡單地注意其存在，並用「為情緒命名以緩解情緒」的方式來處理。無論是在心中還是體內感受到這類情緒，只要在它們出現時為其命名，就能活化最佳腦區。其他像是感受雙腳等感官接地練習，也會有所幫助。

孤獨（Lonely）

我很愛下面這句自我成長的格言：「如果你的心是危險的街區，不要獨自前往。」人類是社會性動物，容易受到部落主義、團體迷思、有毒的情緒感染及從眾效應的影響，然而孤獨也有其危險性。

無論個性內向或外向，每個人的社交需求都不盡相同，但我們都需要在獨處與社交之間取得平衡，探索最適合自己的平衡點。

友誼和社群，與幸福、心理健康、身體健康，甚至壽命長短有直接關聯。除此之外，健康的支持網絡能給予我們肯定和鼓勵，讓我們在復原之路上有動力繼續走下去（關於健康的人際關係，詳見第四章）。

疲倦（Tired）

當我們因為過勞或睡眠不足而感到疲憊時，自制力、心情和判斷力都會大打折扣。睡眠品質不佳會削弱心理和生理免疫系統，並降低判斷力與衝動控制能力。研究顯示，規律睡眠（每天在差不多的時間就寢和起床）的重要性，可能不亞於睡眠總時數，甚至還更重要。因此，建立健康的睡眠習慣，是自我照顧不可或缺的一環。

睡覺前，你可以將手放在胸口，或是進行「CALM平靜練習」，讓身體放鬆。另外，忙碌的一天中，請務必給自己好好充電休息的時間，讓身心恢復活力。

第四章

打造有韌性的心靈

01 從孤獨到共鳴：如何透過與人連結修復身心

經歷創傷之時與之後，我們最需要他人的陪伴。但許多看不見的創傷——特別是與疾病、傷害或羞恥有關的傷痛——無形中切斷了我們與他人的聯繫。

比方說，隨著我母親病情加重，她的世界變得越來越狹隘，我的世界也是如此。我可以跟別人談到她的病況嗎？能透露多少？什麼時候說，又該怎麼說？每當有人將我生活中的這部分與他們圈子裡的人分享時，我都有種被侵犯的感覺，也感到更加孤立；有時這件事不該由他們來說，有時他們講的也不是我的真實經歷。對此，我學到許多人已然發覺的教訓：壓力和創傷會暗中搞破壞，以令人心碎的方式侵蝕我們的人際關係。

打破孤立，與人重建連結

創傷讓人感到被孤立，而過度孤立又會進一步加劇創傷。疾病和傷害不僅拉開了我們與外界的物理距離，而這些經歷所帶來的情緒反應也讓我們難以與他人產生連結。

至於虐待關係，本質上就是刻意讓我們陷入孤立無援的境地，縱使脫離受虐困境多年，那種羞恥感依舊令人想要封閉自己，與世界隔絕。

面對創傷時，我們的言行舉止往往會有所改變。有些人的語調會變得平淡許多、動作較小，臉部表情也較少。為什麼？這是因為不想被注意到，以降低再次遭受創傷攻擊的風險。或者，有些人會用具攻擊性的言語和行為，藉此抵禦潛在的攻擊者。我經常想到一句格言：「不若花朵般纖柔，而如炸彈般脆弱。」這句話或可反映出在創傷面前，有人選擇擁抱溫柔的力量，有人的反應則很激進。

身陷真正的危機時，我們必須辨識出可能造成危害的人事物，好知道自己究竟是要攻擊還是逃跑。因此，在創傷壓力下，我們無法換位思考，為了自我保護，我們會變得更加以自我為中心，這樣做反而使我們更加焦慮和憂鬱。為了維護自身安全，我們會關閉同理心與給予他人第二次機會的能力，甚至更容易察覺到身體的不適。

這些反應雖然很正常，完全可以理解，卻也會讓我們與家人、伴侶、朋友、同事發生衝突或選擇逃避他們，嚴重破壞我們與對方之間的關係，也讓我們難以信任別人。最後，我們會變得更加孤立，長久下來可能會嚴重影響身心健康。為了保護自己在關係中不受傷害，我們不是退縮到自己的小世界裡，不然就是矯枉過正，例如充滿攻擊性、害怕被他人拒絕或批評。這啟動了我們每個人內心都會有的自我批判，讓我們陷入羞恥的漩渦，並在需要人際支持時變得更加孤立。

戰勝孤獨的科學

創傷會令人感到孤單，有時甚至就真的讓我們變成孤身一人。當壓力荷爾蒙皮質醇過多，使催產素的受體受阻時，我們就難以產生安全感。催產素是一種神經激素，能帶來安心、安全與依戀的感覺，並幫助我們解讀臉部表情和情緒、理解他人，建立同理心和信任。

另一方面，孤獨感與孤立感會導致體內另一種神經激素「皮質醇」濃度上升，健康狀況不佳、壽命縮短，都與皮質醇失調有關，而高濃度皮質醇就像抽菸或肥胖一樣有害健康，容易引發焦慮、憂鬱、成癮行為等問題。

健康的共同調節[1]會形成共享的安全感：我對你發送安全訊號，你就會感到安全，反之亦然。但這需要付出一定的努力。隨著時間過去，我們會如我同事黛比・達納所說的那樣，與他人建立「安全的調節節奏」。一開始，你需要別人協助才做得到，不過只要多加練習，你就能自行調節，最後還能進一步將這種能力傳遞給他人。

共同調節的例子不勝枚舉，譬如大家在體育賽事中齊聲歡呼、觀眾在音樂會上大合唱、喜劇表演現場眾人哄堂大笑……等。在這些行為中，每個人都在同步分泌多巴胺和血清素。又比如在更小的範圍內，當我們跟朋友或家人圍坐在桌旁聚餐、與心理師一對一晤談、和同事相處，或是發自內心對收銀員真誠微笑，都是在進行共同調節。

1 co-regulation，我們藉由接收另一個人傳遞出來的安全訊號，來讓自己調節回到身心穩定狀態。

就連寵物也能成為共同調節的對象，牠們的陪伴能讓我們感到平靜，因為牠們可以作為我們外部的「戰或逃」反應機制。當然啦，我們也希望能和孩子及其他我們關愛的人互相支持、穩定彼此的身心，一起共同調節。

創傷後成長大多發生在社群裡，在那裡，我們可以透過他人的見證、支持與共同調節的能量來治癒創傷。創傷就像小感冒，能隨著時間自行痊癒，但若和其他人一起療癒傷痛，便更不易留下疤痕或持久的心理創傷。社交神經系統能創造出一個良性的正向循環，更多信任帶來更多的連結，而這又與幸福、蓬勃發展及身心健康密切相關。

最近的研究證實，情緒、心情與行為都具有感染力，科學家稱之為「人際神經生物學」。有些是從「鏡像神經元」的運作機制切入，探究我們是如何透過每秒上千種微表情，進行情緒上的交流與相互影響；有些則以「集體神經系統」的觀點，解釋這種系統能使我們與他人同步調節或失調，影響我們的思維、情緒和行為。

透過練習，我們可以啟動、活化社交神經系統，促進自我連結與內在療癒，進而培養「安全的神經覺」。

練習14

四朵玫瑰、一根刺和一個花蕾

新冠疫情期間，我的家人開始在睡前進行一個名為「玫瑰、刺與花蕾」的練習，有時也會在吃晚餐的時候做。

我是在一個整週都忙著面對與處理創傷的工作中學到這項感恩儀式。當時每週五，我們都會跟員工與接受治療的孩子一起練習。

方法很簡單。前面談到消極偏見時曾提到，大約要四次正面經驗才能抵銷一次負面經驗，因此，我們每人輪流分享當天的四朵「玫瑰」（好事）、一根「刺」（失望）和一枚「花蕾」（明天的希望）。

這場全球大疫其中的一朵「玫瑰」，就是我們全家能有足夠的時間聚在一起，將這個練習化為日常。當時我兒子為了拖延上床睡覺的時間，老是建議我們可以分享一百朵玫瑰！

02

來自他人的療癒力

我們對創傷的反應，可能會成為人際關係中的阻礙，讓我們難以建立穩固的社會支持網絡。

有時，創傷會使危險的人和行為感覺值得信任，友善的人與安全的環境反而令人感到陌生，甚至畏懼。

親密關係會讓我們腦中警鈴大作，害怕在身體和情緒上展現出脆弱的一面，也會使友好的人看起來充滿威脅。當神經系統進入逃避形式的自動駕駛模式時，我們可能會覺得其他人永遠無法完全理解我們的遭遇（有時確實如此），也沒有人能明白我們的感受。

創傷與羞恥的療癒之路

我有個案主名叫亞曼達，她的母親多年前因酒駕喪生。車禍發生後幾個小時，八個月大的亞曼達被人發現在汽車安全座椅上嚎啕大哭，她母親則在駕駛座上因失血過多而亡。這場意外造成了亞曼達的依附創傷、驚嚇帶來的創傷、人際創傷，與失去親人的創傷。但除了這些之外，成年後的她還背負著另一份重擔：羞恥感。既有她自己的，也有她母親的。

她說：「就好像我背著一個隱形的大包袱，但幾乎所有人都會差點撞到它。我應該在什麼時候告訴新女友我媽死了？是在第一次約會就說？還是要等到第四次？又該在什麼時候跟對方說她是怎麼死的？這個包袱太沉重，重到無法分享，卻又大到不能不分享。每當快要聊到這個話題，我就會心跳加速，全身發燙，所以我乾脆不再與人建立情感連結。我也不想讓別人受到我創傷的影響——只要談到我媽，大家都不曉得該跟我講什麼。每次與交往的對象分手後，我都很想知道究竟是因為我透露太多，還是對方察覺出我在隱瞞什麼。」

一連串糟糕的戀情加上日益嚴重的吸毒問題，讓亞曼達終於踏出改變的第一步，她開始參加戒酒無名會。就跟許多正在戒癮的人一樣，創傷是她人生經歷的一部分，但成癮也造成更多創傷，像是意外、藥物過量與暴力行為等。在互助小組中，她不僅認識了有類似遭遇的女性，更找到了一個可以安心傾訴，不會因為她走向療癒之路而批判她的地方。

讓別人拉你一把，重新找回力量

支持網絡是讓人產生連結感與歸屬感的重要關鍵。由三十到四十個值得信賴的人組成的小團體，有助於維持身心平衡，例如球隊，以及常在咖啡店、健身房或髮廊遇到的客人等都是。

至於網路社群，研究顯示，社群媒體上的「朋友」數量大約落在一百五十人為佳，超過這個數量就容易感到不快樂與孤立無援。互助小組、支持成長團體聚會、靈性社群，甚至健康的職場環境，都能幫助我們走向療癒。我們需要一個能說出真相的空間。雖然世上不會有絕對安全的空間，不過總有些地方相對安全。

找到能彼此應援、互相理解的夥伴需要勇氣和努力，但你一定做得到。

每個人對內向與外向的定義不盡相同，所以請親自探索，找出最適合自己的社交互動頻率。

我有位案主原本就比較內向，好友離世讓他受到很大的衝擊和創傷，讓他變得更加孤僻。他說：「我不是很喜歡跟別人出去玩，但每次這麼做都能讓我感覺好一點。就像吃藥一樣——有時我必須強迫自己出門社交，因為我知道，之後我的心情就會變得比較好。我也知道與世隔絕就像停藥，可能會導致症狀復發。」

也許你會發現自己和我的案主有同樣的經驗；至少我個人是如此。當我們參加充滿慈悲與關懷的社群時，就是允許別人來愛我們，直到我們能夠愛自己。

遭遇創傷後，我們可能很難再次相信別人，即使是對於那些想支持我們的朋友也不例外。心理治療師、悲傷諮商顧問梅根・德凡（Megan Devine）在談及悲慟時這樣描述道：「這種感覺的確如你所想的一樣難受。儘管人們努力試圖表達關心和安慰，但他們的表現確實如你所想的一樣糟。」不過，總有一天，你會找到可以互相扶持與理解的人，而且不用多，幾個就夠了。

當我們療癒自己，其實也是在療癒他人——光是透過陪伴就能做到這一點。正如我的朋友莎拉・金（Sará King）博士所言：「每當我們與兩人或更多人聚在一起時，就會形成一個集體神經系統。打從我們在母親的子宮時期開始，身體就被設計成要與他人分享我們在恆定狀態下的健康狀態——包含生理、心理與關係上的和諧，這是人類的天性。」

03 你的韌性，就是最好的抵抗力

由於種族歧視、性別歧視或其他系統性的不公平，關係創傷可能成了你生活中無可避免的日常。美國作家貝爾・胡克斯（Bell Hooks）就曾寫道：「受壓迫意味著沒有選擇。」

集體療傷的力量

一生中被拒絕、被邊緣化、被排擠的經驗會逐漸累積成創傷，對我們的影響不亞於身體遭受重擊。社群中任何一個人的創傷都會像漣漪一樣，擴散至我們所有人。因此一個人的神經系統受傷，就是集體的神經系統受傷。然而，當我們對他人說出自己的真相時，能讓我們不再那麼孤單，並能進一步採取行動，追求正義。

一九八〇年代，愛滋病患者背負著疾病與偏見帶來的創傷，以「沉默即是死亡」（Silence = Death）為口號高聲吶喊。二〇一八年，數百萬名女性加入「#MeToo」運動，從中尋得姊妹情誼互相聲援，一起反性騷、反性侵。此外，抗議者齊聲高喊「黑人的命也是命」（Black Lives Matter，BLM），彼此身心同步，呼喚正義。還有退伍軍人也開始公開談論創傷性腦損傷，並要求外界承認戰鬥壓力（combat stress）與軍中性侵問題的存在，不再像從前那般諱莫如深。

上述每場運動中，人們都在自己的生活圈與更宏大的文化範圍內，建立了充滿慈悲、關懷和理解的聯盟。正如一名性侵倖存者小組成員告訴我的那樣：「我參加小組是為了讓自己好起來；我留在小組是為了幫助別人。」安全的支持性團體是療癒與成長的關鍵。

進行社會運動，是將你所經歷的苦難轉化為行動的一種方式，但不是每個人都喜歡走上街頭，參加示威抗議等活動。我在執業生涯中遇過許多將痛苦化為行動的創傷倖存者：受害男女勇敢站出來發聲，對抗虐待他們的神職人員；大規模槍擊事件生還者成立組織團體，呼籲大家重視槍枝安全；歷經病痛折磨的患者發起相關活動，希望能改善醫療照護品質。

提高心理韌性，面對挫折更有抵抗力

遺憾的是，很多人都說，他們挺身而出後面臨到的霸凌與死亡威脅，比原本的創傷還要嚴重。有些人坦言自己可能不會再公開抗議了；有些人則覺得自己在參加活動後被物化了，眾人將他們推上神壇，期待他們成為超人或完人。

一位曾跟我討論心理健康與自我照顧議題、熱衷參與政治運動的年輕人說：「人們不是把我當成英雄，就是把我當成惡棍。但我兩者都不是。我只是個普通人——一個試圖改變世界，仍在讀研究所，得維繫遠距離戀愛，還要應付煩人爸媽的孩子。」

雖然有些人選擇發起或參與社會運動，但對你來說，你的韌性本身就已經是一種抵抗。若說創傷會限制我們的選擇、削弱我們的力量，那麼，如果你擁有越多屬於自己療癒之路的選擇，在當下，甚或一生都會覺得自己變得更強大。

孤獨是健康的隱形殺手

關係創傷帶給我們的是真真切切的痛。

最近日本有項研究指出，孤立與被拒絕的感受會觸動掌管身體疼痛的神經迴路。孤獨和孤立感會導致皮質醇濃度上升，與健康狀況不佳、壽命縮短等問題也互有關聯，對健康的危害就跟抽菸或肥胖一樣嚴重。

此外，孤獨與孤立感也容易導致焦慮和憂鬱，而這些情緒狀態又與成癮行為息息相關。

04 想要改變，先學會別苛責自己

幾年前，有位研究人員在全美各地隨機抽樣一千人進行調查，詢問他們：「誰是你最大的敵人？」結果，有一半的受訪者給出一模一樣、鏗鏘有力的答案：「是我自己。」

我遇到的每一個能坦誠面對自己的人——無論是創傷倖存者、心理諮商師、《財星》雜誌全球五百大企業執行長，還是奧斯卡獎得主，都曾談及所謂的「內在自我批判」。每個人內心都有這種聲音，老是說我們不夠好，無論我們擁有多少成就都一樣。

喔，如果這樣講你還是不太清楚，在此補充：我心裡也住了這樣一個愛找碴的傢伙。

若你有過創傷或被忽視的經驗，這種批判的聲音可能會更大聲，也更難無視。它可能反映了虐待你的照顧者或霸凌者、嚴苛的老闆或伴侶，也可能是進一步附和了社會對你所說的話語，它說你不屬於這裡，或是說因為你的膚色、出身、性別認同、文化背景或其他身分特徵，讓你是個有問題的人。這些聲音——無論是有意或無意否認、輕視你的創傷——都可能在你年幼時就被內化成自我批判。

然而，當你練習自我疼惜，並學著與這些聲音溝通，能讓你更容易與外界建立起充滿慈悲和關懷的連結，讓自己的療癒之路及生命旅程走得更順遂。

你可以試試克里斯多夫・葛莫與克莉絲汀・涅夫設計的自我疼惜練習，以下是我改編過的版本。

練習14 ACE自我疼惜法

A：承認（Acknowledge）眼前的困難。

C：將自我與更廣泛的人類經驗連結（Connect）起來。

E：給予（Extend）自己當下所需的關懷與疼惜。

找個舒適、能讓你保持專注，且能維持十分鐘的姿勢。

首先，回想一下哪些情況會讓你內心響起自我批判的聲音。先從日常生活中的小事開始：可能是開會遲到、講錯話、該說的話沒說出口、吃太多冰淇淋，或是吃得不夠健康等等。大家都有過這樣的時候。

回想當時的場景：有哪些人在場？發生了什麼事？你的身心有何感覺？內在批判的聲音說了什麼？語氣又是如何？單純注意到這些問題，然後……

承認

承認這段經歷。找到能讓你產生共鳴的言辭、語調，用更富慈悲心的內在聲音——就像你跟朋友、孩子或關心的人講話時所用的那種聲音，來肯定這段經驗。例如：

- 這聽起來好辛苦。

- 這種時候真的很難熬。
- 這感覺真的不好受。

花點時間對自己說些認同的話語，也許是你想希望關心你的人會對你說的話。重要的是，這些話和語氣要真誠，且符合你的需求，而非是你認為「應該」說的話。

接著，試著以更人性化的方式來看待這段經歷……

連結

用能讓你產生共鳴的話語，將自身經歷與他人連結在一起，例如：

- 世上無完人。
- 我們都會犯錯。
- 沒有人是完美的，所以鉛筆尾端才會有橡皮擦。
- 我們都有表現失常的時候。

如同上一個步驟，利用你想聽到的話語和口氣說出來。

給予

最後，用你會對朋友或小孩說話的和善態度，以更慈悲的聲音給予自己一點善意和同理心。與此同時，你可以搭配動作，譬如用手放胸口、溫柔擁抱自己，或搭著自己的肩，就像你在安慰朋友時會做的那樣。找到支持性的言語，與自我對話：

- 願我原諒自己。
- 願我放下一切。
- 願我對自己更有耐心。
- 願我能從中學到教訓。

花點時間讓這些話深深烙印心底。當你準備好後，睜開雙眼，並留意身心的變化。

就跟其他練習一樣，先從小事著手，然後試著在需要時靈活應用這些技巧。

以下是我一名案主運用ACE自我疼惜法的實例。

放假時他回老家，結果親戚酒品太差，踩到他的地雷。他用了許多生動的語句跟自己對話：

A：這一刻簡直瘋到不能再瘋了。

C：每個人都有難搞的姻親——這種情況已經普遍到是喜劇裡常用的老梗。

E：我希望能給自己一點時間好好休息，享受美食，並保護家人的安全。

雖然我的案主很想逃避那些喝醉的姻親，直接回家去。但他藉著偶爾到廁所去喘口氣的短暫時間，在那裡，他讓身體坐直，並給予自己關愛和善意，重新建立與自己身體的連結。

練習自我疼惜後的內在轉變

像ACE這樣的自我疼惜練習，一開始可能會讓人覺得陌生或尷尬，特別是當我們對自己以及與他人相處沒什麼安全感的時候。新的感受可能會觸發內在的警報器，甚或造成反效果，導致身心容納之窗關閉。因此，請慢慢來，準備找一些能讓自己重回當下的接地練習備用，最重要的是，要誠實面對自己。

研究顯示，心理治療過程中，需要一位真誠而投入的心理師陪伴與協助，才能讓你認識、接納真正的自己。有個案主曾告訴我，她之所以繼續找我諮商，是因為我「感覺起來不像羅傑斯先生[2]那樣假假的」。雖然我非常喜歡羅傑斯先生，但我想這應該是在讚美我很真誠吧。

另外，你也需要找到內在的慈悲之聲，才能感受到那股真實，並好好陪伴自己，建立起安全而穩固的自我連結。

尋找適合自己的聲音和語氣；那個口吻可以是堅定的，但必須富有慈悲心。關鍵在於要找到能讓你產生共鳴的話語和口氣，就像你內心有個治療師一樣。你對自己說的話，應該就像對朋友，甚至是對小孩一樣溫暖。

研究顯示，自我疼惜與更健康的冒險精神、踏出舒適圈，以及從失敗中復原的能力有關。一旦有信心採取行動，我們就會為自己的行為感到自豪，而且不在乎結果

2 指已故的美國兒童節目之父羅傑斯（Fred Rogers）。身為牧師的他將主持長達三十多年的長青節目《羅傑斯先生的鄰居》（Mr. Rogers' Neighborhood）當成重要的兒童事工來經營，時常在節目中帶領孩子認識內在情緒與感受，並以輕鬆又暖心的方式探討親子溝通等議題，傳遞愛、分享、寬容、自我價值等信念，影響了無數兒童與家庭。

（至少某種程度上是如此），我們會變得更樂觀，甚至更有創意。

當我們給自己很大的壓力、試圖追求完美時，自我疼惜練習特別有幫助。

正向肯定句是鼓勵還是阻力？

積極正面的肯定話語真的有用嗎？

大多數創傷倖存者其實一眼就能看出哪些人是在敷衍、講屁話，而科學證據也指出，用空洞的肯定與鼓勵來欺騙自己，只會讓我們感覺更糟。

一項研究發現，如果你擁有高自尊，肯定語是介於無害與有益之間；反之，若你原本就自我價值感低落，那肯定語可能會加劇這些負面感受。

莉瑪的故事

我的案主莉瑪現居阿拉伯聯合大公國的阿布達比。她在美國底特律長大，父母是來自中東的難民。雙親的創傷經驗連帶影響到莉瑪，使她童年經歷了無數逆境與創傷。如今，她是當地醫療體系的副總裁，但她卻始終覺得自己「不配」擔任這個職務。她對自己抱著不切實際的期望，設下不可能達到的高標準。她還把同事寄來的每一封電子郵件都解讀為對她的批評，把收到的每個讚美都視為無足輕重的客套話。

這種高度自我監控是創傷倖存者與職場女性常見的焦慮形式，另外像「聚光燈效應」（spotlight effect）——高估他人對自己的關注程度，也是很典型的表現。

我和莉瑪一起練習閱讀並細品她所收到的正面郵件，也討論她在公司推動積極改革中扮演的角色。這麼做能讓她的神經系統變得更強大、更有能力，進而認可自己的成功，並勇於展現自我。

我們投入了許多時間和心力學習自我疼惜、放下對完美的執著，讓她明白自己其實不需要成為四個孩子的完美母親、成功丈夫的完美妻子，也不需要在充滿挑戰的文化環境中當個完美的女性主管。

最近莉瑪告訴我，她學習冥想已有二十年，但真正幫助她改善內在批判聲音的，是進行了幾年的自我疼惜的練習。

「冥想和瑜伽確實給我很大的幫助，讓我在這個世界找到平靜。」她表示，「不過，真正改變消極自我對話的，是自我疼惜。說真的，那些批評聽起來有夠像我爸會罵的話。現在，我還是會生自己的氣，但過得不順時，我會對自己說：『唉，妳真是笨蛋』，而不是『你他媽混帳！妳怎麼什麼事都做不好？』雖然這樣的改變還稱不上完美，但應該算有進步吧。而且老實說，這很像我帶小孩時最糟糕的一天，感覺就像我成為自己的父母，把自己重養一遍。」

你也可以學習莉瑪，只要一點點自我疼惜，就能對我們平息內在批判聲音有很大的幫助。試著練習ACE自我疼惜法；試著跟了解你且能強化正能量的人，一起閱讀那些讚美你的電子郵件；或是做一些具有挑戰性，但能發揮你的才能、且效果立見的創意活動。一旦開始善待自己、減少自我批評，就更容易與他人建立連結，不會因為內在苛責聲音的糾纏和束縛而影響自己的社交能力。

05 設立剛剛好的界限

最近聽到一個朋友說：「自我照顧與自我疼惜，指的不只是洗個泡泡浴和吃甜食這麼簡單，還包括要設立適當的界限。」

我非常認同這個觀點。

如何拿捏安全距離？

界限能賦予我們力量，但這不是為了控制他人，而是要重新掌握對自己生活的控制權，不再讓他人左右自己的情緒和行為。我們可以決定讓他人、環境和事物在我們的生活中擁有多少影響力，進而決定它們能對我們的想法、感受與行為產生多大的影響。這使我們能以全新的眼光、更有自信與慈悲地面對世界，專注於其所能帶來的潛能、力量及慰藉。

創傷幾乎總會踐踏、有時甚至還會摧毀我們曾以為安全的身體、情感和關係界限。

被破壞的東西需要時間重建。然而，神經系統常在我們不自覺的情況下倉促進行重建工作。雖然這麼做是為了保護我們的安全，但結果多半是東拼西湊而成的防護機制，並搭配一個過度敏感的「神經覺」警報系統，不僅對危險過度感知，還會想盡辦法平息或避免衝突，這些情況都容易使我們事後心生怨恨、懊悔，或兩者兼而有之。

由於界限已被破壞，因此在創傷之後，我們往往很難分辨自己的界限何時被侵犯。我們可能會覺得自己需要取悅或安撫別人、為了保護自己而自我封閉；或是在遇到人際關係地雷[3]時，在錯誤的時間突然情緒爆發，結果嚇到自己也嚇到他人。

積極界限VS.消極界限

我認為界限有積極與消極兩種。

・消極界限

是指我們要求自己或別人不要做的事。當我們習慣迎合別人而不敢說「不」時，就很難設立消極界限。假如有這樣的困擾，建議可以從小事開始練習，例如調整身體姿勢和聲音，或許會有所幫助。不過，最好還是在關係開始時就明確設定個人界限，然後隨著安全感的增加再逐步放寬。設定界限能讓對方明白你願意／不願意、可以／不可以做的事。

丹尼爾・席格建議大家，在練習說「不」或「好」的時候，有意識地關照身體的感覺。留意每次說這些話時的不適或舒適感，藉此鍛鍊與培養容忍力，學習堅持自

---

3 在人際交往中可能觸發創傷反應的敏感話題、行為或情境。

己的立場。事實上，每一次練習說「不」，都能降低杏仁核的活躍度，「拒絕」這個行為會逐漸令人感到安全、自在、充滿力量，甚至還能帶來一絲樂趣。

同樣地，當你在日常生活中移動並注意到他人進入你的個人空間時，練習觀察自己的身體反應。當身體界限被侵犯時，我們的腹部往往會有種緊繃感，好像腸胃糾結在一起。

・積極界限

當我們告訴別人自己願意做哪些事、什麼時候做，就是設立了積極界限。對那些很難有自信明確說「不」的人而言，設立積極界限會比消極界限來得容易。

我常在伴侶諮商中大推這個技巧。例如，比起直接拒絕或大發脾氣，說「我可以等孩子上床睡覺後再跟你討論這件事」不僅更有效、更具體，這種表達方式還能讓你和對方在適當的時間，彼此好好溝通，同時也讓對方知道，你是一個可靠、穩定、能建立情感連結的依附對象。

練習16

設立時間界限，找回時間感

有時創傷會導致我們的時間感產生扭曲，讓光陰在不知不覺中流逝。你可能會注意到，大腦在創傷事件發生期間與之後，對時間的處理與感知效能會下降。譬如疫情封城期間，我們的日子過得迷迷糊糊的，老是搞不清楚今天禮拜幾。

在這種時候，我建議你可以為自己設立時間界限，養成規律作息，讓生活變得可預測，特別是在有空閒時間的時候。這麼做能節省我們前額葉皮質有限的資源。如果你覺得獨自面對自己的內心是件危險的事，那麼知道當天有哪些人事物可以填補行程過多的焦慮，抑或毫無計畫的空虛，會對你有所幫助。

固定的生活作息對某些人來說很有用，而這或可解釋為什麼有些本質上容易造成創傷的工作（例如軍職）很重視時間管理與守時。然而，並非所有人天生都適合或有辦法過著一成不變的生活。

與其制定嚴格的作息時間表，例如「八點起床、八點半洗澡、九點吃早餐、十五分鐘後出門散步」，不如試著按照順序做每一件事，並由此形成習慣：先起床，然後洗澡，再吃早餐，最後散步。當你知道接下來要做什麼，大腦比較不會陷入混亂。然後，它就能開始理解這個混亂的世界，甚至是混亂的過去。

06 找到懂你的人

多年前，我有位導師曾說，長大的標誌不只是學會如何走進一段關係，還要學會如何在關係變得不健康或無法挽回時優雅離開。

有時，我們或身邊的人可能會為了想掌控結局，選擇跟對方鬧翻或撕破臉，而非任由這段關係逐漸淡去。有時，我們則會念著昔日交情或回憶，而努力維持已然變質的友誼。

友誼的取捨之道：優雅退出的藝術

重新審視你的朋友圈。讓一些友情自然淡去、逐漸遠離是沒關係的，這並不表示你或你的朋友有什麼問題。有時你可能會納悶，有些人會有意無意地將你束縛在他們心目中的既定形象中，他們是不是不希望讓你成長或改變？

隨著自我成長和改變，新的朋友、觀點與選擇也會進入你的生活。透過電話、網路或面對面與人交流後，不妨花點時間仔細思考，哪些人能帶著你往上提升，而非向下沉淪。這個省思也許會讓人感到痛苦。當我們成長越多，心智就會越發成熟；為了騰出空間迎接更健康的關係與觀念，我們必須摒棄舊有的習慣、思維，甚至是朋友。

有位案主的朋友最近跟她說了一句話：「還有很多人會愛妳，只是妳還沒遇見而已。」這句話不僅深深打動她，也打動了我。

人際連結是生命中不可或缺的一部分。問問自己：誰真的懂你？誰能完全包容並接納你？是伴侶、朋友，還是心理師？

我的朋友麥克曾說：「只要有一個你能毫無保留、完全誠實以對的人，你就能變得更好。」這是一個真心、但也是令人難以接受的忠告。至今我仍對這句話深信不疑。而在麥克自殺後，我一直在想，他藏在心底的祕密究竟是什麼？

那麼，誰才是真正懂你的人呢？你只要先從一個人開始就好，同時記住，你自己也可能就是別人心目中的那個人。而且，不需要每個人都對你各方面都瞭若指掌。你可以有一個在某方面很了解你的同事、一個懂你育兒煩惱的朋友、一個你難過時會想找他傾訴的朋友、一個你在看沒營養的電視節目時會想傳訊息聊天的朋友，這些情況都完全沒問題，甚至還很健康，只要你朝著內心與外界更和諧一致的方向前進就行了。

從五個人看你的世界

有一種「五人平均值理論」（Average of five），意思是我們最常花時間相處的那五個人，他們的平均值，就是你自己。

創傷在剛開始時可能會為了讓我們保護自身安全，而使社交圈縮小。當你準備好拓展人際關係後，請引入新的觀點和眼界，並接觸各行各業的人，讓自己的生活更多元。

我個人認為，許多心理師還滿令人難以忍受的，因此，我試著擴大自己的社交圈，去認識藝術家、作家、人類學家和經濟學家，因為我覺得他們比許多同行更能教會我關於人性與療癒的課題。

此外，在網路上也是同樣的道理：我們是與我們最常觀看社交媒體動態消息那五個人的平均值。若那些人同樣在困境中掙扎，你可能會看到他們開始散發負能量、大談奇蹟療法或陰謀論等等，因為他們大腦中掌管理性邏輯思考的區域已然失靈，暫時無法運作。

此外，社群媒體演算法也會推播更多衝突、騙點閱率的內容和負面訊息給你。因此，隱藏、封鎖和暫停追蹤這些朋友／網友並沒有錯。相信我，這麼做能帶來很大的改變。

事實上，即使是展現自己過得有多好的貼文，如果這樣的炫耀文讓你感覺更糟，一樣可以按下「隱藏」。與此同時，不妨在社群媒體上刻意追蹤一些內容能鼓舞人心的帳號，以削弱我們與生俱來、人人皆有的負面偏見。

從「抱怨」到「積極」的互動轉變

穩固的人際關係能幫助我們與正面事物、成長和解決辦法接軌，而不只是跟問題綁在一起。生而為人，我們天生就對消極負面的訊息較為敏感。社群媒體公司很清楚這點，網路外的世界也是如此。大多數員工藉由講老闆壞話，在職場中與他人形成連結；父母聚在兒童遊樂區，抱怨學校推行的新政策。這就是人類的習性。

為了打破這種負面偏見，我們可以試著在互動中從其他話題展開甚或結束對話。例如問問對方：最近在看什麼書？有沒有發現什麼喜歡的新食譜或新餐廳？今年有打算出國度假嗎？還是在國內旅遊？這些簡單的舉動就能為負面情緒悄悄設下界限，幫助我們以積極正面的步調開啟和結束對話。

07 同理心對話：先思考，再開口

創傷可能會讓人難以有自信地清楚表達自己。當大腦被壓力弄得一團亂，要達到清楚且有效的溝通無非是一大挑戰。

大部分的人都有說錯話的經驗，那個當下，我們恨不得原地挖個洞鑽進去，希望平常練習的瑜伽能讓我們真的把腳塞進嘴裡。或者，有時我們實在難以找到合適的詞彙來傳達內心所想，最後因為沒能將想說的話說出口而氣自己。

但除卻這些大大小小的失誤不談，我們都在努力追求有效溝通，渴望被人傾聽、被人理解。那麼，正念與慈悲心能在什麼時候發揮作用，又能如何幫助我們呢？

雖然正念沒辦法讓我們搖身一變，成為完美的溝通者，但它可以穩定神經系統，讓我們得以抱持慈悲、自信的態度，清楚探問自身需求。正念與具有同理心的對話，不只是為了待人以善，也是因為這種溝通方式更有效。

練習17　三思而後言的THINK練習

許多正念智慧都建議我們開口前先仔細想想自己要說的話，才能做到真實、良善、溫柔和適時。

以下是我用當前流行的縮寫字「THINK」改編而成的練習，並在其中加入了一些正念元素。

T（True）：這些話是真的嗎？

首先，我們要說實話，以免傷害到別人，讓自己陷入謊言、假象、認知失調與隨之而來的內疚。說謊不僅會帶來不安、不快的感覺，還會提高杏仁核的活躍度，造成更多壓力。

從更細微的層次來看，我們應該說出重要的真相，因為那些話不僅有助於我們自己，或許還能激勵他人。「言實」不只是與「說謊」相反這麼簡單，它還是表達個人或集體真相的力量，甚至可以直接面對權力者言明真相。

說真話可以推動政治改革，比如世界各地的真相與和解過程[4]，或是有許多社區正在進行的實踐修復式正義[5]。此外，真相也能推動像「#MeToo」運動這類的社會變革，讓許多倖存者勇敢發聲，進而鼓勵數百萬人站出來說出自己的故事和真相，撼動了社會文化容許虐待行為長存的根基。

H（Helpful）：這些話有幫助嗎？

開口之前，可以先想想要說的話是否真的對他人或自己有益。即便我們講的八卦或自誇可能是事實，但這類訊息多半沒什麼幫助，且往往對我們和他人造成傷害。

我們對旁人言行所做出的某些反應也是如此。即使我們的措辭很貼切、完全符合事實，但那些話可能也沒什麼用處。

所以，用抱怨來回應抱怨真的會有幫助嗎？

I（I）：這話該由我來說嗎？

有時我們會忍不住想表達意見，但實際上那根本不關我們的事。只是有時候的確很難分辨自己該不該開口。

某些情況下，我們會猶豫是不是應該挺身而出，而非袖手旁觀。雖然不容易，但帶著正念與同理心的反思，能幫助我們辨別什麼時候該站出來說話。

不過這又可能引出其他的難題：對方是不是在釣我們，抑或想讓我們捲入一場沒意義的鍵盤筆戰／口水戰呢？這時，其他準則就派上用場了。那就是：「我說這些話的意圖（Intentions）是什麼，又會造成什麼影響（Impact）？」雖然我們無法完全預測言語的影響，但仔細思考自己的言論和說話的意圖準沒錯。

4 公開面對歷史創傷，實現公平、正義和社會和諧，同時防止類似事件再次發生。

5 restorative-justice，提供與犯罪有關的當事人對話的機會，藉以表達自己的感受，修復犯罪造成的傷害，並共同處理犯罪後果的過程。

N（Necessary）：有必要說嗎？現在適合講這些話嗎？

我們可以問問自己，真的有必要在此時此刻將內心想說的話說出來嗎？記住，時機非常重要。有時，最具正念的言語表達方式就是保持沉默：克制自己，別逞口舌與鍵盤之快，或純粹懷著同理心見證當下。而且，停下來不說話，安靜個一、兩分鐘，能讓我們更容易注意到他人的肢體語言和微表情，這些可能比話語更能看出對方在想什麼。

沉靜在繁忙熙攘的世界中實屬罕見，但適時保持沉默能讓我們創造親密時刻。在對話中的靜默與停頓，也為萌芽中的見解和想法提供了空間。神經科學家發現，在治療過程中，患者沉默時的大腦活動比說話時更活躍。

K（Kind）：這些言語能傳達出善意嗎？

歸根究柢，唯有帶著耐心和善意表達，對方才聽得進去。人一旦覺得受到攻擊，「戰或逃」反應就會抑制接收新訊息的能力。記住，受到威脅時——無論是真實抑或想像，身體上還是情緒上——大腦都會關閉那些負責判斷、綜觀全局、理解他人想法，以及運用人際交流與溝通技巧的區域。使用嚴厲尖刻的言辭或語氣或許能改變對方當下的行為，但很少能有效長期維持，而且往往會造成不可預期的負面影響。

關於善意，要考量的另一個面向是：這場對話的性質究竟是正面還是負面。正如先前所說，我注意到自己和他人都容易傾向關注負面訊息，而非正面訊息。試試看：觀察自己與他人的日常互動是偏正面積極還是負面消極。答案可能會讓你大吃一驚。

「如果你沒有什麼好話要說，那就什麼都別說。」這句古諺也值得我們反思。感受在沉默中的親密感吧！研究顯示，在對話中的靜默期間，大腦甚至比說話時更活躍。

此外，心懷善意和自己對話，跟在現實生活中帶著自信且富有同理心地與他人說話一樣重要。

08
慈悲的感染力

身為正念教師，常有人問我，我們花那麼多時間在冥想墊上靜坐到底有何意義？對我來說，靜坐的意義不在於提升靜坐的能力，而在於培養更深的智慧，知道何時該有所作為、該採取什麼行動。

靜坐的重點也不在練習保持靜默的能力，而是讓自己在需要發聲時能好好表達內心所感所想。

我認為，西方的正念和冥想運動在建立社群與連結方面做得還不夠，但我確實感受到這方面已產生更積極的改變。

幫助他人，也療癒自己

創傷會使我們陷入沉默、身體僵硬、孤立無援的狀態，這些了無生趣的行為，會讓冥想這樣的練習看起來更加不切實際。當我們嘗試用沉默與靜止來應對創傷或痛苦時，可能會產生無助感——至少在剛開始時是這樣。我們想治療的，正是那種難以招架的無助與脆弱感。在這種情況下，我們要怎麼做才能對這個世界產生安全感？怎麼做才能在這世上感到更有力量？如果格外覺得無助又該怎麼辦？

我們可以採納羅傑斯先生的母親所提出的建議：「在恐懼的時刻，要向他人求助。」找到可以幫助我們的人，例如第一時間回應的人、醫療專業人員、心理師，或相信並支持我們的人，並真誠地感謝他人，因為他們讓這個世界變得更美好。

另外，也可以試著感謝你周遭的人，像是清潔人員、郵差、物流司機等。真心誠意地詢問超市店員今天過得如何，並認真傾聽他們的回應。

更棒的是，我們也可以成為幫助者，哪怕只是盡點棉薄之力亦然。即使你不具備相關專長、沒接受過專業訓練，無法成為醫護人員或心理師，但「助人」就是擺脫無助感最好的方法。而且，志工服務能幫助你發現新的熱情所在，重拾過去的愛好，甚至協助你走過轉職過渡期。

不少正向心理學研究指出，服務他人是改善心情、提升整體幸福感與生活滿意度的絕佳方式之一。當志工也有助於減少孤獨感和孤立感。事實上，以經歷過童年逆境的人為例，從服務中找到意義、對自我以外的人事物做出貢獻，是判斷他們韌性的重要預測指標。

發現你助人的超能力

思考一下，「助人」對你來說代表什麼？如果你有錢，那就捐錢；如果你有時間，那就付出時間。若你有藝術和設計方面的專長，可以為你重視的活動或運動製作標語或海報。若是喜歡下廚，那就在網路上分享食譜，教朋友做出美味料理，或為有需要的人送餐。如果你文筆不錯，可以撰寫簡短的部落格文章，提供網友一些看法和意見。又或是創作藝術作品，並在當地咖啡館展出或單純跟朋友分享，也可以寄給遠方獨居的親戚，甚至監獄裡的囚犯。

如果你身強體壯，可以幫鄰居倒垃圾或做些園藝工作。主動幫朋友、家人和陌生人拿東西；捐血；在當地圖書館或青少年活動中心做志工，唸故事書給小朋友聽、教音樂或是帶他們學習正念。如果你很有運動細胞，可以進行舞蹈、瑜伽或籃球教學。開設語言課程；成立讀書會；教人寫作（線上或面對面皆可）。你對科技很有一套嗎？不少人在這方面需要協助，不熟悉科技的親朋好友可能需要你幫忙他們與遠方的家人、支持系統或網絡建立聯繫。若你從事廣告或行銷業，可以想想要如何將正面訊息傳遞給有需要的人。擅長居家修繕嗎？那就教朋友怎麼修理漏水的水龍頭或壞掉的櫥櫃鉸鏈。

簡言之，想減少無助感，請主動伸出援手，思考一下如何利用自己獨有的技能和專長來幫助朋友或鄰居，你會發現，隨著韌性的增強，那些無助感也會逐漸消失。

09 讓善良基因代代相傳

助人最奇妙之處，在於這個行為會產生指數效應，如漣漪般往外擴散並影響他人。事實上，科學研究指出，當我們做出慷慨和善良的舉動時，那股善意很有可能會返回到我們身上。

我們通常在感到安全和穩定時更容易心懷慈悲，而充滿慈悲與關懷的行為反過來又能使我們感到安心、平靜和快樂。這種循環究竟何處才是源頭，是難以探尋的。

壓力會遺傳

過去，我們只會從先天基因與後天環境來思考身心健康。然而，相對較新的表觀遺傳學（epigenetics）領域，顛覆了遺傳學一百多年來的研究觀點。簡單來說，表觀遺傳學探索的是我們的經歷如何影響基因表現。透過表觀遺傳學的視角，我們了解到，我們對生活中大大小小壓力的應對方式，可能會在基因層面影響後代子孫。

我們祖先經歷過的事件可能改變了他們的ＤＮＡ，並以新的方式表達出來，繼而傳遞給我們。看看你家的族譜：許多人的祖先都經歷過戰爭、奴役、種族滅絕、歧視和／或貧窮。這些歷史創傷和壓力可能改變了我們這一代所擁有的ＤＮＡ。我們應對壓力的方式——無論是樂觀或悲觀、恐懼或寬容——可能也受到這些遺傳因素的影響。

曾有研究團隊選了一些快樂、適應良好，且基因背景相同的小鼠來做實驗，並對其中一半施加壓力。

不出所料，承受壓力的小鼠的行為與那些過著低壓力生活的小鼠截然不同，後者每天大吃起司，在木屑上打盹，做低強度的滾輪運動。研究人員測試承受壓力的小鼠，發現牠們體內有部分ＤＮＡ因壓力而活化。更重要的是，這些基因與行為變化甚至傳給牠們的後代，那些小鼠天生就帶有基因變異。

這項表觀遺傳學研究計畫，是由約翰霍普金斯大學的詹姆斯・波塔許（James Potash）博士負責進行，他表示：「若說壓力反應機制是讓你做好戰或逃的準備，這些表觀遺傳變異就是讓你下回在遇到壓力時能更努力奮戰，或是跑得更快。」

行善能改變大腦迴路，讓你更快樂

也許你曾經歷過創傷，但在DNA開始改變表現方式前，你得到了幫助，接受了治療，抑或努力克服心魔。也許你和朋友一起開心大笑，晚上睡了個好覺，吃了一頓營養豐富的早餐，然後心情平穩地開車上路。皮質醇並未干擾體內系統運作，催產素順暢流動，因此在開車時你的大腦能全面運作，並心懷慈悲。

接著，有人超車切到你前方，按著喇叭疾馳而過，你可能會想：「說不定她是趕著載生病的孩子去醫院。」於是你對那名切進車道的駕駛微笑，揮手示意要她先行。

緊接著，你的內在和外在都會發生一些奇妙的事。你的大腦神經可塑性開始形成一條新的路徑，將新習慣固化，讓你更有可能和明天也保持善良、慷慨、寬容。血清素增加，有助於調節情緒和緩解焦慮。此外，你的體內還會分泌催產素（這種讓人感到溫暖愉悅的「愛的荷爾蒙」，會維持高濃度長達數小時）及多巴胺（這是另一種讓人感覺良好、有助於建立習慣的神經傳導介質）。

換言之，慷慨與慈悲可以調節情緒和焦慮，讓我們擁有足夠的安全感，得以產生同情心。另外，行善能活化並建構與連結和信任有關的腦區，進而使人心情愉快。這些事例在在印證了我們的確可以用行動來改變思維與感受。

慷慨的感染力

美國艾默里大學的詹姆斯．佛勒（James Fowler）和耶魯大學的尼可拉斯．克里斯塔基斯（Nicholas Christakis）觀察到所謂的「社會傳染效應」（social contagion effect），顯示善意與慷慨的行為會從一個人傳遞到另一個人。

許多研究指出，光是目睹慷慨之舉，就能為激發他人「下游互惠」（downstream reciprocity）的連鎖效應，這種影響甚至可以延續到與你相隔三層關係的人。

研究人員還觀察到，行善者與受惠者的大腦有許多相同的神經傳導介質，只是前者的含量更高。在一項研究中，研究人員請受試者將五美元花在自己身上或送給別人。令研究人員與受試者驚訝的是，那些將五美元送給別人的人，感覺比花在自己身上的人更快樂。神經科學家理查・戴維森（Richard J. Davidson）也說：「慷慨是活化腦內正向情緒神經迴路最好的方法。」

簡單的善行就能改變世界

做一件簡單且看似微不足道的事，例如揮手示意另一名駕駛先行，會讓你心情更愉快，變得更樂觀。你身邊的人也會更快樂，更欣賞你，更想和你相處。這樣的行為不僅避免將負面的基因傳遞給未來的後代，還能讓你傳遞具有韌性且充滿復原力的基因。

不僅如此，你的行為還會向外擴散，至少影響三層關係以外的人，同時也會透過基因表現遺傳給後世，影響延續至少三代。一旦你讓前方駕駛插隊時，對方就更有可能送花給太太，太太可能會多買一塊餅乾給孩子，而孩子會在睡覺前給狗狗一個擁抱。此外，你的孩子也會以正面積極的方式影響他們認識的人，總有一天，他們會把更快樂、更有韌性的基因傳給下一代和下下一代。這正是成為一位「好祖先」的開始，無論從字面或比喻上來說都是如此。

練習18 行車禮讓練習

這項練習的靈感來自我朋友希琳。因為這種練習的做法真的很特別，讓她感覺像是虛構的人物，但她是百分之百活生生的真人。

她是一位參加「十二步驟」戒癮行為課程的無神論穆斯林，曾就讀巴基斯坦的天主教寄宿學校，並修習佛教冥想。她沒有特定的宗教信仰，但她每天都會用一個簡單的方式來實踐慈悲，那就是：在路上她會禮讓一個人。不是禮讓所有人，而是一天一個人。在我住的地方，這種行為足以讓你被視為聖人，或是上天堂，抑或擁有更好的來生，端看你的信仰而定。

下次開車時，試著練習看看，讓某位駕駛先走。這樣小小的善舉會帶給別人好心情，繼而影響他們的家人和朋友，甚或陌生人。你也會感到快樂，因為你重塑自己的行為模式，讓自身與後代擁有更大的韌性、更樂觀的態度，以及面對未來挑戰時發現新機會的能力。當你回到家，這種慈悲心會感染你的室友、家人，甚至是你的寵物，並進一步透過基因表現遺傳給下一代，進而改變世界。

如此簡單的舉動，就能推動人類朝向更善良、更有慈悲心的方向進化。只需要你在車陣中，對某人揮手示意，讓他先行。

10 建立信任感與安全感

我曾聽過一個說法：信任與創傷彼此對立。然而，「信任」是個很難定義的詞。建立信任經常需要我們克服創傷帶來的恐懼，去嘗試一些過去認為不安全的事情。

自我疼惜，尋求支持，走出創傷

你是否自尊低落，認為自己沒有價值？不妨試試我朋友的建議：在生活中做些值得肯定的事情。對自己過於苛刻？那就練習自我疼惜。覺得生活一團混亂？嘗試靜坐冥想。縱使身陷痛苦，你還是可以帶著正念與感恩專注於當下，與不會讓你感到痛苦的事物建立連結。即使在痛苦中，你也可以問問自己：「還有什麼呢？」（AWE）

覺得自己被孤立？那就試著伸出援手。呼吸紊亂？那就放慢速度，調整節奏。彎腰駝背，整個人蜷縮在一起？試試往外、往上伸展四肢。

已故禪宗大師一行禪師說：「有時，你的喜悅是你微笑的源泉；但有時，你的微笑也可以成為你喜悅的源泉。」研究也證實了這個觀點。我們可以用新的情緒和習慣來覆蓋負面情緒和不良習慣。

打個比方，我們移到電腦「垃圾桶」裡的那些資料，並不是真正被刪除，而是移至一個特定的資料夾中。同樣地，即使我們試圖忘記過去或掩蓋過去的創傷，但它們仍存在我們的潛意識中，就像暫時移到電腦「垃圾桶」的信息。只有藉由新的經驗、新的情感、新的行為覆蓋過去的創傷，才能真正刪除它們的影響。

重建連結與信任

從今天起，你打算藉由行動寫下哪些不同於以往的回應？你能譜寫出一個關於「信任」的新故事嗎？

當我們學會信任自己的身體和心靈，就可以透過慈悲、自我同情與行動，逐步建立起對世界及他人的信任。正是透過他人，我們得以檢驗自己的現實感和判斷力；正是與他人在一起，我們的身體才能安頓下來；透過與他人連結，我們也學會了承擔健康的關係風險，繼而能更加信任自己、信任自己的身體和這個世界。

結語

我常在互助團體中聽到有人說：「我們會愛你，直到你學會愛自己。」在其他靈修教室裡，我聽到更簡單的一句話：「我們愛你，繼續前進吧！」這就是我們能做的：我們可以愛自己，並繼續前行。我們或許無法忘記經歷過的一切，但我們可以重置、重啟，並重建一個更堅強的人生。

不管在情緒、精神或靈性上下多少功夫，都無法讓生活變得毫無苦痛，但這些練習能在艱難時刻賦予我們力量，讓我們活在當下，心境平靜而安穩。書中很多內容都是我於疫情期間，坐在我母親病榻旁完成的，當時她處在臨終之際，即將走完生命最後一哩路。

她離世後，我在給朋友的信中寫道：「我努力修習了二十年，做了一大堆研究，以個人和專業角度寫了無數篇文章——但感覺、還是、他媽的、痛。」

我很感恩，因為無論是現在抑或從長遠來看，我都沒有讓那種痛變得太毒太深，影響自己及其他人，因為生命中發生的每一件事都會引發漣漪效應。混亂會向外蔓延，但平靜與慈悲亦然。我們可以從這裡開始改變自己及周遭世界，邁向成長和進步，從個人與集體創傷中成長，變得更強大。

當我們調節自己的身體和大腦，並與他人進行共同調節，歸向平靜和慈悲，影響就會擴散開來。社運人士兼心理師雷斯瑪．麥納坎（Resmaa Menakem）說：「如果不了解創傷的背景，人們會將個人創傷誤認為是個性，家庭創傷被認為是家族特質，群體創傷則被視為文化。」初次讀到這句話時，我想到的是創傷會透過創傷後壓力症候群，對我們造成可怕的影響。但隨著時間過去，我也看見創傷塑造我們的其他方式，例如創傷後成長，以及在個人、家庭及文化中創造出美好的新習慣，並將這些日常實踐轉化為療癒儀式。

慷慨、自我疼惜和正念都有感染力。父母若實踐這些特質，就算伴侶或孩子翻白眼，也會讓全家更快樂，家人溝通更順暢，家中發生意外的頻率降低，令人擔憂的行為減少，個人社交技巧和情緒有所改善，手足關係也跟著變好。

當夫妻中有一方實踐慷慨、自我疼惜和正念，雙方都會變得更幸福，生活更愉快，反應與衝突也會減少。研究顯示，當一個人隔週進行冥想時，其室友、伴侶、朋友和家人在那段時間都會更快樂。因此，只要你願意多練習與實踐，並在困難時刻向朋友、家人與摯愛傳遞正能量，你的行為的確能讓身邊的人心情變好。

幾年前，我回到年輕時曾給予我許多幫助的治療中心參訪和演講。我懷著感恩的心忍住淚水，分享自己的經歷，以及當年其他夥伴的故事。有很多人我失去了聯繫，有些人沒能挺過來，但那些成功的人都有個共同點：他們找到了人生的意義和目標。有的投入宗教信仰和靈性探索，有的則是其他事物。那個老愛開玩笑的傢伙，最後在喜劇界闖出一片天；一個在寄宿學校被老師虐待的朋友，後來成為知名的自然攝影師；另一位兒時曾遭殘酷霸凌的人，發現自己可以透過教學，帶著大人未曾給過他的愛與關懷來陪伴孩子。

希望你讀完這本書後，其中一些練習和想法能讓你產生共鳴，幫助你在經歷創傷後壓力的同時也能踏上創傷後成長之路。希望你在這裡播下的種子能幫助你身心靈成長。希望你能透過感恩和正念等練習，更懂得欣賞生命，並藉由自我疼惜與自我照顧來感謝自己和他人。記住，你不必去跑馬拉松、登山或發起什麼運動。事實上，若你單純選擇繼續前進，我希望你能看到，你的韌性及由此而生的行為，就是對這世上試圖讓創傷加劇之人的一種反抗。

希望有更多合適的人進入你的生命，幫助你走過這趟旅程（或其中一段路）。只要用更富覺察與慈悲心的方式來面對生活和這個世界，你就能找到自己的人生目標，讓生活變得更有意義。

謝辭

每寫完一本書，我都覺得自己所做的不過是分享他人的智識經驗，或是以這些見解為基礎逐字構築、彙整成一部有條理的作品而已。這本書也是一樣；我只是酌量那些先於我而存在的大智慧與科學理論，將兩者整合在一起，鎔鑄成你手上這些篇章。除了素未謀面的陌生人及其貢獻外，還有許多了不起的人與深刻的對話形塑了這本書。

首先，我要感謝我的導師、同事兼好友克里斯多夫・葛莫（Christopher Germer），他在自我疼惜領域做了許多開創性研究，成果令人驚嘆，也謝謝他長久以來的學術合作夥伴克莉絲汀・涅夫（Kristen Neff）。

不少朋友和同事都樂意抽出時間，大方地與我分享他們的研究和看法，為此，我永遠感念在心。黛比・達納（Deb Dana）跟我視訊了至少一個小時，詳細解釋多重迷走神經理論給我聽。大衛・崔萊文（David Treleaven）、琳達・格拉翰（Linda Graham）和我開了多次視訊會議，一起討論創傷與復原力。新冠疫情期間，莎拉・金（Sará King）博士、卡薇麗・摩根（Caverly Morgan）和萊絲莉・布克（Leslie Booker）透過電話與我長談，給了我新的觀點和靈感，也讓我在全球大疫之時，多了三位幾乎沒面對面交流過的新朋友和新同事。

另外，我要感謝琳娜・雷（Leanna Rae），與妳對談不僅愉快，更激盪出許多想法。謝謝我長期合作的老夥伴米契・艾伯烈（Mitch Abblett）與好友艾許莉・維吉爾–奧特羅（Ashley Vigil-Otero），也大大感謝新朋友安・瑪麗・米勒（Anne Marie Miller）、現在的朋友艾蜜莉亞（Amelia）和大衛（David）及老朋友保羅（Paul），不吝分享自己的經驗和洞見。

寫作、出書、演講外加進行心理治療的生活真的很瘋狂。感謝朗・席格（Ron Siegel）、伊森・尼克特（Ethan Nichtern）、艾德・葉慈（Ed Yeats）與喬・謝伊（Joe Shay）總是提供睿智的看法和建議，用幽默化解我的壓力。

除此之外，我還要向書中提到的諸位老師致意：瑞克・韓森（Rick Hanson）、艾瑪・賽佩拉（Emma Seppälä）、艾美・柯蒂（Amy Cuddy）、布萊恩・卡拉漢（Brian Callahan）、潔西卡・莫瑞（Jessica Morey）、丹尼爾・席格（Daniel Siegel）……真的很謝謝你們。

當然，我也要感謝親愛的家人和朋友，一路走來始終給我滿滿支持。爸、媽、奧莉薇亞（Olivia）、里奧（Leo）和梅伊（Mae），謝謝你們的耐心與好奇心。

這是我和 Sounds True 出版團隊與塔米・西蒙（Tami Simon）一起合作的第七本書，我不敢相信自己何等幸運，覺得說再多感謝都不夠，也萬分感激珍妮佛・伊薇特・布朗（Jennifer Yvette Brown）在編務上的協助及用心。

最後也最重要的是，感謝我的朋友、學生、同事，特別是我的學生和案主，謝謝你們對我的信任，願意跟我傾訴自己的故事，也謝謝你們相信我分享的這些技巧和練習。

作者簡介

克里斯多夫・威拉德 博士Christopher Willard, PsyD

哈佛醫學院臨床心理學家、國際演說家與正念教育工作者。

著有《正念成長》、《培養復原力》（Raising Resilience，暫譯）等逾十八部以兒童或成人為讀者群的出版作品。

譯者簡介

郭庭瑄

生於望海的城市，現為文字手工業者。譯有《夜行大腦》、《崩潰媽媽的自救指南》、《有毒姻親》、《被剝削的童年》等書及各類型小說作品。

聯絡信箱：realelise@gmail.com

人生顧問 CF00549

有一種傷害叫成長：穿越創傷與黑暗，打造復原力的療癒練習

作者—克里斯多夫．威拉德 博士
譯者—郭庭瑄
主編—郭香君
企劃—張瑋之
封面設計—FE設計
內頁排版—新鑫電腦排版工作室

總編輯—胡金倫
董事長—趙政岷
出版者—時報文化出版企業股份有限公司
108019台北市和平西路三段二四〇號七樓
發行專線—（〇二）二三〇六—六八四二
讀者服務專線—〇八〇〇—二三一—七〇五
（〇二）二三〇四—七一〇三
讀者服務傳真—（〇二）二三〇四—六八五八
郵撥—一九三四四七二四時報文化出版公司
信箱—10899臺北華江橋郵局第九九信箱

時報悅讀網—http://www.readingtimes.com.tw
綠活線臉書—https://www.facebook.com/readingtimesgreenlife
法律顧問—理律法律事務所 陳長文律師、李念祖律師
印刷—家佑印刷有限公司
初版一刷—二〇二五年三月二十一日
定價—新臺幣三六〇元

時報文化出版公司成立於一九七五年，
並於一九九九年股票上櫃公開發行，於二〇〇八年脫離中時集團非屬旺中，
以「尊重智慧與創意的文化事業」為信念。

有一種傷害叫成長：穿越創傷與黑暗，打造復原力的療癒練習 / 克里斯多夫 ・ 威拉德 (Christopher Willard) 著；郭庭瑄 譯. -- 初版. -- 臺北市：時報文化出版企業股份有限公司, 2025.03
面； 公分. --（人生顧問；CF00549）
ISBN 978-626-419-231-6（平裝）
1. CST: 自我實現 2. CST: 生活指導 3. CST: 成功法
177.2 114000737

HOW WE GROW THROUGH WHAT WE GO THROUGH
By Christopher Willard

版權所有 翻印必究
（缺頁或破損的書，請寄回更換）

ISBN 978-626-419-231-6
Printed in Taiwan